한국의 부동산 경제

머 | 리 | 말 |

한국경제에서 부동산은 국민경제 및 개인의 경제생활에서 중요한 위치를 차지한다. 한국 사람들은 부동산에 대해 유별나게 강한 집착성향을 가졌다. 부동산 집착성은 지금까지 굳건히 지키고 있다. 부동산은 한국 사람들에겐 저축수단의 제1호이며 재산축적의 수단이다. 이는 한국의 경제 여건이 조성해 온 것이다. 부동산은 투자대상에서도 최우선순위를 차지하고 높은 매력을 지니고 있으며 보험의 대상이기도 하다. 이것은 지난 65년 동안 성장제일주의로 달려온 한국경제 환경이 만든 산물이다. 한국은 높은 인플레이션 환경을 오랫동안 경험했다. 한국에서 부동산이란 인플레 방어수단에 가장 적합한 자산으로 인식한다.

한국의 부동산 가치는 긴 세월동안 지속적으로 치솟았다. 또한 투기적 국면도 자주 전개되었다. 짧은 기간에 높은 차액을 챙기려는 투기적 동기까지 활개치고 다녔다. 한국의 부유층이나 지식인들은 너도나도 할 것 없이 곳곳을 찾아다니는 투기의 광풍이 불었다. 한국 사람들은 자기 집 갖는 것을 평생의 소원으로 삼고 있다. 이 역시 물질

만능의 성장환경이 낳은 산물이요 마땅한 저축수단이 없었기 때문이다. 한국의 경제 환경에서 부동산에 거는 기대치는 매우 높았다. 그 이유는 고용과 소득이 불안하고 대체 투자대상이 마땅치 않았으며 연금과 사회보험이 턱 없이 부족한 환경에서 나온 소산이었다.

요즈음 언론에서는 부동산과 관련해 자산효과란 말을 자주 쓴다. 부동산은 자산(재산 = 資産 = Assets)으로 분류한다. 이런 이유로 부동산은 부동산자산이라고도 부른다. 부동산자산은 금, 은, 기계설비, 원료 등과 함께 실물자산이다. 실물자산에 반대되는 말은 금융자산이 있다. 주식, 채권, 달러화폐, 예금 등은 금융자산이다.

부동산자산은 부(富)의 효과(Wealth Effect) 또는 자산 효과를 통해 국민경제에 광범위하게 영향을 미친다. 부동산자산은 부의 효과를 통해 실물경제와 금융경제에 동시다발적으로 영향을 미친다. 부의 효과는 해당 국가의 경제구조와 상황에 따라 선순환을 일으키기도 하고 악순환을 유발하기도 한다. 부의 효과에서 보면 부동산 가치 변동이 명목화폐의 실질가치와 이자율, 환율, 금융기관의 자산구조, 개인의 포트폴리오 구성, 인플레이션 등 관련변수를 변화시키며 경기와 실업 및 고용의 변화를 가져온다. 부의 가치는 급등락 변동을 반복하면서 중장기적으로 경제성장과 경제발전에 지대한 영향을 미친다.

본서는 최근 몇 년 동안 언론에 보도된 내용을 중심으로 부동산시장의 움직임을 관찰하면서 보고 느낀 것을 글로 묶어 싣고 있다. 부족한 부분이 많이 있다. 또한 오류도 있을 것이다. 독자들이 비판적으로 지적해 주길 바라며 잘못된 부분들은 다음에 수정할 것이다.

2013년 11월

일산 풍동

사저에서

차 | 례 |

1. 부동산 부의 효과란 무엇인가?

주택 버블 붕괴에 따른 일본과 미국이 부동산 버블 붕괴로 홍역을 치렀다. 한국도 부동산 거품 논쟁에서 벗어나 최근 장기 침체 상황에 빠져있다. **금융시장의 신용경색이 실물경기에 파급되는 경로는 두 통로가 있다. 하나는 신용경색으로 인한 유동성 부족에 따른 금리 상승과 주택 값 하락에 따른 마이너스의 부(富) 효과(Wealth Effect) 통로이다.** 미국은 공격적인 금리정책으로 2007년 하반기부터 2008년 1분기 사이 연방기금금리를 5.25%에서 2.00%로 3.25% 내렸고 또한 유동성을 추가 공급함으로서 시장금리의 상승을 원천적으로 막았다. 이 정책은 실물경기에 긴축 효과를 가져왔다.[1)]

---

1) 경제가 지속적으로 성장하면 가계와 기업 및 정부의 소유 부동산 자산규모와 자산가치가 꾸준히 늘어난다. 부 또는 자산이란 모든 재화의 전체 물적 자산(부동산, 상품, 기계 등)과 재화에 대한 청구권(예; 화폐, 주식, 채권 등)을 소유한 재산을 의미한다. 협소한 의미의 부 또는 자산은 고정자산(시설자산)과 유동자산으로 분류한다. 부의 관리 또는 자산관리란 자산 관련 금융서비스를 총칭한다. 자산은 자산 가치를 증식할 목적으로 투자되는 자본과 구별한다. 자산은 흔히 재산 또는 부(富)로 표현하기도 한다. 자산의 종류는 전형적인 유형으로 예

또 다른 경로는 주택가격 하락(상승)이 부의 감소를 가져오고 이것이 소비지출을 줄이면서 경기를 둔화시키는 통로다. 가계보유의 부는 주택, 주식 및 채권으로 구성한다. 이들 자산 중에서 특정 자산 가격이 오르면 전체 부의 가치가 상승하므로 기대되는 미래소득이 커지면서 미래소비지출이 증가한다. 반대로 자산 가격이 내리면 전체 부의 미래 가치가 상승하므로 기대되는 미래소득이 감소해 가계소비지출에 부정적으로 영향을 미친다.

선진국의 경우, 금융자산의 한계소비성향은 0.01~0.07로 본다. 금융자산의 가격이 1달러가 오르면 소비는 1센트 ~ 7센트가 늘어난다는 뜻이다[경제협력개발기구 ; OECD 연구보고서, 2004년]. 미국은 자산(富)의 소비한계성향이 0.0375이다. 다수 경제학자들도 대체로 부의 효과에 대해 수긍한다. 그러나 부동산 및 금융자산의 부 효과의 크기에 대해서는 학자들마다 의견을 달리한다. 특히, **주택가격 하락 시 나타나는 마이너스 부의 효과는 금융자산의 가격 하락 시 나타나는 마이너스 부의 효과보다 훨씬 크다고 주장한다.**

이런 차이를 가져온 원인은 무엇 때문일까? 금융자산은 일부 부유계층에 집중돼 있는 반면, 주택은 전세 가구에 고르게 분포돼 있기 때문에 부의 효과가 달리 나타난다고 본다. **부자들은 금융자산 가격이 떨어져도 소비성향이 크게 줄어들지 않지만 모든 국민들이 소유**

금, 현금, 부동산, 주식, 기술특허 등을 들 수 있다. 자산의 유형은 국내자산과 외국자산으로도 구분한다.

하고 있는 주택의 경우, 부동산 값이 떨어지면 소비성향이 크게 하락하는 걸로 보는 것이다. 그러나 부의 효과를 근본적으로 부정하는 학자들이 있다. 특히, 주택의 경우 주택 부의 효과는 거의 없다고 주장하는 학자가 있다. 윌렘 뷰터 Willem Buiter 경제학교수는 주택가격의 오르고 내림에 따른 부의 효과는 경제 전체적으로 거의 제로에 가깝다고 주장했다.2)

주택이 두 채 이상을 가진 임대주인의 경우 주택가격이 떨어지면 부의 가치가 하락한다. 그러나 주택을 사야하는 무주택자와 더 넓혀 가고자 하는 주택소유자(세입자)의 경우엔 주택가격이 하락 시 오히려 플러스 부의 효과가 있다. 그것은 주택구입비용이 감소하기 때문이다. 말하자면 할부금을 넣어야 하는 금액이 예전보다 줄어들었기 때문이다. 뷰터 교수는 세입자의 플러스 부의 효과와 임대주인의 마이너스 부의 효과가 서로 상쇄되기 때문에 경제 전체적으로 보면 순부(순 자산)의 효과는 제로에 가깝다는 것이다. 그는 주택가격의 상승이나 하락에 따른 부의 증감효과는 거의 없다고 결론을 짓는다. 다만 주택가격의 등락에 따라 부의 분배가 달라질 뿐이라고 말한다.

하지만 이 같은 뷰터 교수의 논리 속에서도 부의 효과 자체를 부정하는 것은 아니다. 버블붕괴에 따른 주택가격의 하락의 경우엔 부의

2) Willen Hendrik Buiter는 1949년 네덜란드의 헤이그에서 출생한 미국 경제학자이다.

효과가 분명히 존재한다. 버블붕괴에 따라 임대주인들의 자산 가치는 하락한다. 하지만 세입자들의 자산 가치는 늘어나지 않는다. 이들의 미래 주택서비스에 대한 현재비용이 변하지 않기 때문이다. 또한 뷰터의 교수의 논리를 인정한다 하더라도 주택가격이 하락할 때 임대주인과 세입자의 반응이 다르다면 전체적으로 부의 효과는 나타날 수 있다고 본다. 예를 들면, 주택가격이 하락할 때 임대주인은 자산가치 하락에 따른 반응을 크게 하고 세입자들은 자산 가치 증가효과를 실제로 느껴지기 어렵기 때문에 반응을 거의 하지 않는다면 전체적으로 부의 효과는 나타날 수 있다는 얘기다. 이에 대해 뷰터 교수는 크게 수긍하지 않지만 가능하다는 주장이다.

만약 뷰터의 주장이 대체로 옳다면 그동안 주택가격 등락에 따른 부의 효과를 지나치게 과대평가해 왔다는 과오를 범할 수 있다. 동시에 그동안 미국 통화당국이 주택가격 하락에 따른 경기둔화 정도를 너무 과대평가해 금리인하를 너무 서두른 실수를 저질렀을 가능성도 시사한다. 뷰터의 새 논문은 **주택가격 하락이 결코 모든 이들에게 나쁜 것이 아니라는 사실을 환기시켜 주고 있다.** 주택가격 하락에 따른 영향은 주로 주택이 많은 임대주인들의 손실에만 집중했을 뿐 주택을 구입해야 할 미래의 구매자들에게 주어지는 이익에 대해선 거의 무시해 왔다는 점을 뷰터 교수는 지적해 주고 있다[매일경제 사설, 2008.8.18.].

富의 效果는 1990년대 10년의 장기호황을 누린 미국경제에서 크게

부각 되었다. 90년대 장기 호황은 여러 요인 가운데 가장 중요한 요인으로 안정된 물가, 지속적인 株式價値 상승, 전자통신기술의 발전 등을 든다. 특히 주가의 지속적인 상승은 장기호황의 중요한 원동력이 되었다. 주가의 지속적인 상승은 가계 富의 축적을 가져왔고 이것이 소비를 지속적으로 증가시켜 장기호황의 든든한 버팀목이 되었다.

소비에 영향을 미치는 요인으로는 현재소득, 과거의 최고 소득수준, 富, 금리 등을 든다. 최근 富의 變數는 소비지출에 중요한 변수로 등장했다. 2005년 선진국과 개발도상국에서 株式 및 不動産의 價値 상승은 경기변동의 중요한 요인으로 영향을 미쳤다. 특히 경기순환에서 부동산 가치의 거품 붕괴가 주식시장 가치의 거품 붕괴보다 위험한 것으로 인식되고 있다. 자산가치의 급격한 등락이 금융시장 및 경제의 안정에 중요한 것으로 주목받고 있는 것이다.

한국은 1950년 이후 부동산 가격이 지속적으로 상승하였다. 부동산은 시기와 지역별 단기 등락폭도 커서 투기의 대상이었다. 이러한 틈새를 이용해 부동산 투기와 광풍이 시기와 장소를 가리지 않고 수시로 출현하였다. 2005년의 경우 연초 주식가격이 큰 폭으로 올랐다가 5월 초 다시 급락하면서 고소득층의 미래소득 축적에 대한 기대심리의 위축으로 소비지출이 지연되면서 경기회복이 더딘 것으로 진단했다. 연초 주가 상승이 소비의 불씨를 지피는데 중요한 요소로 작용할 수 있었는데 주가 하락으로 반전되어 소비심리를 위축시켰다. 이 외에도 부동산투기대책이 쏟아져 나오면서 소비심리 회복에 찬물을 부었다[중앙일보, 2005.5.11.]. 2005년 9월9일 종합주가가 최고 1152.50에 이르면서 주가 상승기조가 경기회복의 호기로 보았다. 주가가 상승하면서 개인투자자의 소득과 소비가 확대되었고 소비가 늘면서 기업매출은 올라가고 그 돈은 투자되었다. 투자증대는 고용을 높이고 국민총생산이 늘어나는 富의 효과가 발생하였다.

매 연도 자산구성은 해당 년도의 시장 수익률에 따라 변화한 산물이다. 유동성, 채권, 주식, 부동산 등의 포트폴리오는 해당 년도의 시장 변화를 반영한 결과이다. 2005년 중 민간인의 자산 구성은 시중자금(유동성), 채권, 주식, 부동산 간 자금 이동을 통해 크게 변화했다. 하반기 경기회복 기대, 강력한 부동산 억제 정책, 주식시장의 활황, 금리인하 요인 소멸과 금리 인상 예상 등이 채권시장에 부정적으로 작용하였다. 투신권 자금은 채권형 펀드에서 주식형 펀드로 이동하였다. 개인들의 직접투자도 채권과 부동산 투자에서 주식투자로 이동하였다[매일경제, 2005.8.2]. 2005년 7월 한 달 사이 채권형 펀드에서 3조원이 빠져 나가고 주식형 펀드 잔고는 6470억 원이 증가했다. 저금리로 인해 부동산펀드 수요는 폭증했지만 부동산가격은 전반적으로 하향 안정세를 보였다[중앙경제, 2005.8.3]. **2007년에는 최고 기록을 연속 갱신하는 증시 호황을 이루면서 시중 자금이 주식투자로 대거 몰리는 과열 징후까지 보였다. 반면 부동산 투자는 정체되거나 하락하였다.**

2. 한국에서 부의 효과는 긍정적으로 평가된다.

2007년도 한국경제는 유가와 환율 안정으로 기업투자가 확대되고 임금 상승에 따라 민간소비가 증대되면서 성장세가 점진적으로 확산되었다. 수출은 두 자릿수 증가세를 이어가지만 경상수지는 서비스수지 악화 지속으로 2007년에 소폭 적자로 돌아설 것으로 예측했다. **한국 경제의 향후 위험 요인은 주택가격 하락으로 인한 마이너스(−) 富의 效果와 건설투자 침체, 가계부문의 부채 증가와 저축 감소로 인한 민간소비 위축을 꼽았다**[매일경제, 2007.5.25]. 정부가 잇따라 내놓은 규제로 부동산 경기는 침체됐지만 증시의 지속적인 상승은 주머니가 두둑해진 소비자들이 잇따라 지갑을 열기 시작했다. 고용증가 등 일자리가 크게 늘지 않았지만 **증시 상승으로 자산소득이 늘어난 계층이 상대적으로 소비를 더 증대하는 부의 효과가 나타난 것이다. 플러스(+)부의 효과와 계절적 수요 증가가 내수경기를 견인하는 양상이었다**[매일경제, 2007. 5. 29/6.7]. 주가가 10% 상승할 때 민간소비는 0.6% 증가하며 주가 상승이 소비에 미치는 효과는 1~2분기 정도 지속되는 것으로 나타났다. 개인 보유 금융자산 중에서 주식구성 비중은 2007년 20%를 넘을 것으로 추정하였다. 따라서 주가가 소비에 미치는 영향력은 과거보다 훨씬 더 클 것으로 예상하였다[대신증권, 매일경제, 2007.5. 29].

한국의 국부통계는 1968년부터 10년 단위로 발표했다. 2007년부터 국부 통계는 간접조사 방식으로 바뀌었다. **국부는 유·무형 고정자산, 재고자산, 토지자산, 입목자산, 지하자산, 내구소비재 7가지 자산만 조사한다. 따라서 통계의 국부와 실제 국부 사이에는 다소 차이가 있다.** 외환위기를 맞은 1997년 이후 10년 만에 한국의 국부(國富)는 1.9배로 불어났다. 특히 토지자산은 같은 기간 2.1배 증가했다. **국부 증가는 땅값 상승이 결정적인 요인이었다.** 토지자산 가치는 노무현 정부 4년 동안에 가장 크게 증가했다. 전국 토지자산은 2002년 1665조원에서 2006년 말 3053조원으로 4년 만에 1.83배가 됐다. 김대중 정부 5년 동안 토지 자산은 1.13배 늘었다[통계청, 국부 통계].

2006년 말 한국의 국부 총액은 6035조원으로 10년 전보다 93% 늘었다. 토지자산 가치는 1997년 1,464조원에서 2006년 말 3,053조원으로 2.1배가 증가했다. 국부 가운데 토지자산 비중은 같은 기간 46.9%에서 2007년 말 50.6%로 증가했다. **토지자산은 토지 가격이 폭락했던 98년 직후 8.5% 줄었다가 2002년부터 두 자릿수로 급격히 상승했다. 토지자산이 2002년 이후 급격하게 상승한 것은 전국적으로 땅값이 오른 데다 종합부동산세를 도입하면서 공시지가에 시가를 반영하**

는 비율을 급격히 높아졌기 때문이다. 컴퓨터 소프트웨어와 같은 무형 고정자산은 같은 기간 2.4배로 늘었다. 반면 1997년 이후 10년 사이 건물·기계·운수장비와 같은 유형 고정자산과 가구·가전제품 등 내구소비재의 가치는 각각 1.9배와 1.7배 늘었다. 2006년 말 현재 목재로 활용할 수 있는 나무자산의 가치는 22조원으로 조사됐다. 지하자원의 가치는 최근 원자재 값 상승으로 10년 사이 2.2배 불어난 40조원으로 평가됐다. 보유 주체에서 개인 46%, 법인 34.9%, 정부 19%였다. 한국의 토지자산은 개인과 법인 소유가 80.9% 차지하였다. 지역에서는 전 국토 면적의 0.6%를 차지하는 서울이 전체 토지의 31.9%를 차지했다. 지역별 토지소유 역시 서울 집중도가 그대로 나타났다. 경기 27.6%, 인천 5.1% 까지 포함한 수도권은 64.6%를 차지했다[중앙일보,2007.12.27].

한국의 토지자산 가치는 2007년 기준으로 캐나다의 2.3배, 호주의 1.4배로 추산됐다[통계청, 2007년 국가자산통계 추계결과, 일간신문, 2008.11.27]. **한국의 토지자산은 2007년 말 현재 3325조원으로 전년보다 272조원(8.9%) 증가했다. 달러로 환산하면 3조5780억 달러로 면적이 100배인 캐나다(1조5580억 달러), 78배인 호주(2조6390억 달러)보다 훨씬 많았다. 우리나라 땅을 모두 팔면 캐나다 땅을 2번 사고도 남는다. 캐나다의 토지자산은 지난 2003년에 GDP(국내총생산) 대비 0.9배에서 2007년에는 1.1배로 소폭 늘어났다. 이에 반해 한국은 같은 기간에 2.7배에서 3.7배로 큰 폭으로 오르면서 격차를 벌렸다. 2007년 현재 한국의**

토지자산은 GDP의 3.7배로 프랑스(3.0배), 미국(2.8배), 호주(2.8배) 등 주요국보다 높다. 이 같은 사실은 재산 부동산을 강하게 선호하는 한국의 경우, 부동산 부의 효과가 특히 부동산 가격이 하락하는 극심한 경기침체와 디플레이션 시에는 매우 크게 국민경제에 영향을 미칠 수 있다는 것을 의미한다.

한국은 해방 이후 2008년까지만 해도 경제개발 붐을 타고 고속성장을 걸으면서 부동산 값이 지속적으로 상승해 왔다. 이처럼 지속적인 경제성장의 덕분으로 국부가 꾸준히 축적되어 갔지만 동시에 소득계층과 지역별 분포와 재산분배를 결정하는 중요한 요인으로 작동하면서 지역과 계층 및 도시와 농촌의 소득 및 부의 양극화를 초래하는 주범이 되었다[3].

---

3) 각국 정부는 자산에 대해 각종 세금(재산세, 양도세, 토지세 등)을 부과한다. 최근 자산(또는 부)에 대해 세금을 부과하는 대표적 조세로는 부유세가 있다. 독일에서는 1997년부터 부유세에 대한 부과를 중단했다. 이 같은 조치는 부유세가 개인의 재산형성에 부정적으로 영향을 미친다고 보고 폐지하는 것이 바로 국가적 퇴직보장 Altersvorsorge장치로 보았기 때문이다. 한국에서 부동산 자산 보유는 가장 중요한 부의 형성을 하기도 하지만 중요한 방어 장치로 부동산 선호 성향이 강하다. 한국사람들은 연금제도와 의료보험제도의 불비, 높은 사교육비와 대학교육비 부담, 자영업자들의 담보 물건 이용, 자가 주택 소유 선호(한국은 선진국처럼 임대주택이 극히 적은 비중), 지속적인 물가 상승에 대한 방어수단 등에 대처하는 대안으로 생각한다. 이런 이유 때문에 **한국 사람들은 주택소유욕과 선호사상이 매우 강하다. 이러한 사정을 반영하여 그 동안 정부의 부동산 정책 실패와 자의적인 정책 남발이 가격 등락을 부추기면서 부동산은 지속적으로 오르기만 하였다.** 특히, 부동산 가격 급등과 함께 지속적인 물가상승이 이어지면서 내 집 마련의 소요 기간이 길어지는 상황이 전개되었다. 2011년 4분기 서울에서 내 집을 마련하는 데 걸리는 기간은 12년이다. 이는 가구당 월평균 소득 388만원을 매달 100% 저축한다는 가정에 따라 산출한 기간으로

2009년 말 기준 14년 2개월에서 2년 2개월 단축된 것이다. 최근 내 집 소유 기간 의 단축은 평균 5억8463만원이던 서울 아파트값이 현재 5억5990만원으로 2472만원 떨어진 반면 같은 기간 가구당 월평균 소득은 13% 증가한 것에 지나지 않는다[건설경제, 2012.3.7. 부동산114].

3. 한국인들의 부(富)의 축적수단은 부동산이다.

한국은 부동산 비중이 선진국에 비해 지나치게 높다. **우리나라 도시 가구의 자산 보유 구성에서 금융자산은 10.2%, 부동산 형태 보유 자산은 89.8%로 실물자산비중이 금융자산 비중을 압도한다.** 부동산 보유 자산에서 집 보유 비율이 83.4%에 이른다. 대다수 도시 가구들은 집 한 채 보유한 셈이다. **이와 같은 지나친 부동산 소유 집착은 가계와 기업뿐만 아니라 국민경제에 심대한 영향을 미치며 금리정책에도 심각한 부담이 된다.** 외부 충격이 밀어닥칠 경우 개별 경제주체와 경제가 취약한 상태에 노출되기 쉽고 금리정책 운용을 제약한다[매일경제, 2006.3.14 / 대한상의 자산보유실태 조사 / 매일경제, 2004.6.18 / 한국은행].

주요 구가별 가계의 금융자산 및 실물자산 비중은 다음과 같다 :

한국	2001년	17.0% / 83.0%	2006년	10.2% / 89.8%
미국	1998년	40.0% / 60.0%	2005년	36.7% / 64.3%
독일	1997년	28.0% / 72.0%		
네덜란드	1998년	27.6% / 72.4%		

[자료 : 매일경제, 2004.6.18.]

한국은 해방 이후 2008년까지만 해도 경제개발 붐을 타고 고속성장을 걸으면서 부동산 값이 지속적으로 상승해 왔다. 지속적 경제성장의 덕분으로 국가와 국민들의 부와 자산이 꾸준히 축적되었고 소득계층과 지역별 분포도 확산되어 갔다.

한국에서 고가 아파트는 부의 축적 수단의 하나였다. 한 동안 고가 아파트 붐으로 부동산 투기가 활개 쳤다. 그러나 노무현 정부 말기부터 급격히 위축되기 시작하였다. 이명박 정부 5년 동안에도 수도권에서 9억 원 이상 고가 아파트가 절반 가까이 줄어들었다. 수도권 9억 원 이상 아파트 가구 수는 현재 13만7천507가구로 MB정부가 출범한 2008년 2월 23만8천235가구보다 42.28%(10만728가구) 감소했다. 지역별로는 서울이 2008년 19만2천939가구에서 최근 12만7천913가구로 5년 동안 33.70%(6만5천26가구) 줄어들었다. 중구(97.15%), 강동구(85.43%), 동작구(75.22%), 구로구(74.25%) 등 지역에서 70% 이상 감소했다. 중구는 2008년 2월에 982가구였지만 현재는 28가구밖에 남지 않았다. 강동구 고가 아파트는 2008년 5천902가구에서 최근 860가구로 감소했다. MB정부 출범 당시 고가 아파트로 꼽힌 둔촌 주공 단지가 제외됐다. 경기는 1만779가구에서 2천59가구로 80.90%나 줄어들었다.

2008년 2월 당시 9억 원을 넘는 아파트가 있었던 광명, 수원, 안양에서 고가 아파트가 사라졌고 고양(97.73%), 용인(86.69%) 등 지역에서도 고가 아파트가 대거 자취를 감췄다. 신도시 9억 원 이상 아파트는 MB정부 초기에는 3만3천58가구였지만 현재는 7천502가구로 77.30% 감소했다. 산본에서는 고가 아파트 감소율이 100%를 기록했고 평촌(98.3%), 일산(78.03%), 분당(74.94%) 등도 감소율이 높다. 인천에선 97.74%의 감소율을 보였다. 부평구에는 9억 원 넘는 아파트가 한 가구도 없다. **2008년 글로벌 금융위기가 한국경제를 덮치면서 투자심리가 급격히 위축돼 고가 아파트들이 외면 받았고 주택시장이 실수요자 위주로 재편되면서 고가 아파트 감소가 급속히 진행됐다**[연합뉴스, 윤선희 기자, 2013.2.24.].

한국의 집값은 해방 이후 지금까지 지속적인 경제성장과 함께 거의 쉬지 않고 올랐으며 지역에 따라 현저한 격차를 벌리며 변화 기복을 걸었다.[4] 서울과 지방의 집값 차이는 11배 이상 벌어질 정도로 양극화됐다[국민은행, 부동산114, 연합뉴스, 2009.7.12.]. 서울의 아파트 값은 2009년 7월 10일 현재 3.3㎡(1평)당 1천794만원으로 가장 비쌌다. 두 번째로 비싼 경기도(883만원)의 2배를 넘는 가격이다. 6개 광역시 중에는 인천이 798만원으로 가장 높았고 광주가 348만원으로 가장 낮았다. 수

4) 우리나라 가계 자산포트폴리오 분석에 의하면 가계 자산에서 부동산 자산이 차지하는 비중(1999~2007년 평균치)은 85.2%에 달한다. 미국은 36%이고 캐나다와 프랑스도 50%를 넘지 않는다. 일본만 하더라도 61.7%정도다. 특히 한국인의 부동산 자산은 35세 이후부터 80%를 넘어간다. 저축을 통해 금융자산 비중을 늘리다가 앞으로 모을 재산까지 대출받아 집에 '올인'하는 구조가 한국경제의 실정이다. 따라서 부동산 가격 하락 속도가 빨라지면 가계 재무구조는 무너지게 돼 있다.

도권과 광역시를 제외한 지방의 아파트 값은 389만원이었다[국민은행, 부동산114, 연합뉴스, 2009.7.12.]. 서울 강남 3구는 2천819만원으로 월등히 높았다. 강남구는 3천300만원으로 가장 낮은 전남(305만원)의 10배를 웃돌았다. **단순 비교하면 전남 지역의 아파트 10채를 팔아도 강남구의 아파트 1채를 못 산다는 의미다. 외환위기 이후 소득 및 자산양극화의 악순환이 급속히 진행되면서 지역불균형과 사회양극화를 심화시키고 있다.**

과거 상승 추세를 나타내는 주택가격 지수 시계열을 볼 때 지역별 집값 격차는 앞으로도 더욱 커질 것으로 보인다. 서울의 아파트 주택 가격지수는 2009년 6월 기준으로 6년 만에 50.4% 상승했다. 용산구, 노원구, 영등포구 등은 전국 평균(28.2%)보다 두 배 넘는 상승폭을 보였다. 수도권은 43.7% 상승했다. 과천, 성남 분당구, 고양 일산서구 등 서울 주변 신도시의 상승폭이 컸다. 광역시는 14.2% 올랐다. 인천이 32.2%로 가장 높았고 부산이 3.3%로 가장 낮았다. 서울과 경기 지역의 16개 시·구는 50%를 넘는 상승률을 기록한 반면 강원 강릉시, 부산 중구, 전남 광양시 등 6곳은 가격이 하락했다. **그동안 부동산 값이 무한정 오르기만 했다. 이것은 정부의 정책실패가 부동산 불패신화에 일조한 측면이 있다.**

4. 주택가격 – 건설경기 – 건설투자 – 실물경기– 경제성장

최근 서울 · 경기 · 인천 등 수도권 아파트의 전세 시가총액은 2012년 말 720조6352억 원으로 글로벌 금융위기가 발생하기 직전인 2008년 8월(472조8530억 원)보다 247조7822억 원(52.4%) 증가했다. 반면 수도권의 아파트 매매가 시총은 2012년 말 1356조1838억 원으로 같은 기간 63조7782억 원(4.9%) 늘었다. 지난 4년 반 동안 수도권 아파트 전셋값 증가규모가 매매가의 3.9배에 달할 것이다. 전세 시총이 큰 폭으로 증가한 것은 전셋값이 2009년부터 상승세를 지속했기 때문이다. **아파트값이 2008년 8월 최고점을 찍고 하락세로 돌아서자 수요가 전세로만 집중되면서 전셋값이 고공행진을 하고 있다.**

서울 아파트값은 2012년 말 5억780만원으로 2008년 말 이후 가장 낮은 수준으로 떨어졌다. 반면 서울 아파트 평균 전세가는 작년 말 2억7043만원으로 최고를 기록했다. 이에 따라 서울에서 아파트 매매가 대비 전세가 비율은 54.8%로 2003년 1월 이후 가장 높다. 이처럼

전세로만 수요가 몰리다 보니 시중에 돈이 도는 속도가 떨어지고, 건설업 악화가 지속돼 실물경기 회복이 더뎌지고 건설투자가 줄어들면서 고용·소비·지출 등이 감소해 성장에 타격을 주고 있다. 매매와 분양시장이 침체에 빠져 돈이 도는 속도가 느려지고 건설사들의 어려움이 커지면서 부진한 건설투자가 마이너스 성장을 이어가고 성장에도 타격을 입히고 있는 것이다.

집값 추가 하락으로 ▲가계부채 문제 심화 ▲하우스 푸어 고전 ▲깡통주택·깡통전세 발생 등 부정적인 현상이 연쇄적으로 나타나고 있다. 구매력을 가진 세입자들이 집을 사지 않는 현상이 지속되면서 집값은 더 하락하고 전셋값이 비싸지고 있다. 깡통주택이 발생하면 집주인뿐만 아니라 세입자들도 보증금을 전액 돌려받지 못하게 되는 악순환이 반복된다[세계일보, 김현주 기자, 2013. 1.18].

2012년 서울 아파트값이 1998년 이후 가장 많이 떨어졌다. 작년 한 해 서울 아파트값이 4.5% 떨어져 IMF 외환위기 여파가 불거졌던 1998년(14.6%) 이후 최대 하락폭을 기록했다. 지역별로는 한강이남 11개구 아파트값이 5.1%, 이북 14개구가 3.7% 떨어졌다. 강남권에서도 고가 아파트가 밀집한 '강남3구'(강남·서초·송파구)와 양천구 등의 하락폭이 컸다. 서초구는 재건축 사업성 악화와 반포 래미안퍼스티지 등 고가 중대형 아파트값이 하락세를 주도해 6.6%가 빠졌다. 이어 강남구 6.4%, 양천구 6.2%, 송파구 6.1% 등도 서울 평균 하락폭을 훨씬 웃돌았다. 강북권은 도봉구 · 강서구가 각각 5.4% 떨어져 가장 많이 내렸고 강북구(-5.2%), 강동구(-4.9%), 노원구(-4.7%), 영등포구(-4.4%) 순으로 하락했다. 수도권(서울 · 경기 · 인천)은 3.9% 하락해 2004년(-2.5%), 2010년(-2.9%)에 이어 2000년대 들어 3번째 마이너스 변동률을 보였다. 정부의 잇따른 대책에도 시장이 회복하지 못하자 불신감이 퍼져 하락폭이 더 키우고 있다. 취득세 감면 공백 기간으로 올해 상반기도 추가 하락이 예상한다[서울 = 연합뉴스, 이유진 기자, 2013.1.18.].

2000년대 중반 판교 후광 효과를 본 용인은 **금융위기 후 투자 심리가 얼어붙고 인근 광교나 동탄 신도시 아파트 공급이 쏟아지면서 3.3㎡당 1000만 원 선이 무너졌다.** 안양 아파트 매매가도 평촌신도시 가격하락과 맞물려 하락세를 보이다 지난해 말 3.3㎡당 997만원으로 내려갔다. 금융위기 전 한때 3.3㎡당 1344만원에 육박하던 일산도 심리 지지선이 무너질 위기에 놓였다. 수년간 가격조정을 거듭하면서 1000만원에 도달했다. 지난해 2분기 3.3㎡당 1080만원으로 1100만 원대가 무너진 후 하락세가 이어져 12월말 1050만원까지 주저앉았다. 삼송과 원흥, 운정 등 서북부 공급 과잉에 따른 아파트값 하락세가 이어진 낮이나. 특히 일산과 용인의 경우 2011년 1분기 이후 단 한 차례도 매매가가 반등하지 않은 기록을 이어가는 중이다.

경기권 신도시 아파트 매매가가 추락하고 있다. 중동과 산본 등 1기 신도시는 물론 용인과 안양시 등의 매매가가 3.3㎡당 1000만원

밑으로 떨어졌다. 집값 추가하락에 대한 기대감으로 실수요자들이 전세시장에만 관심을 보인 결과다. **3.3㎡당 아파트 매매가 1000만원 미만인 경기권내 지역은 2008년 23곳에서 2012년 말 27곳으로 늘었다.** 서울로 접근이 용이하고 주거환경이 뛰어나 수요자들의 선호도가 높은 중동, 산본 등 1기 신도시와 용인시, 안양시가 포함됐다. **1기 신도시의 매매가 하락세는 2008년 금융위기 후 본격화됐다.** 중동과 산본 등은 아파트값 하락의 심리 지지선인 3.3㎡당 1000만원이 각각 2010년과 2012년 무너졌다. 입주한지 20년이 넘은데다 리모델링 수직증축 문제가 해결되지 않은 결과다. 1월 현재 산본은 3.3㎡당 944만원, 중동은 933만원을 기록 중이다. 반면 매매가 대비 전세비율은 꾸준히 상승세를 타고 있다. 일산, 산본, 중동과 같은 1기 신도시와 안양시, 용인시 등 모두 60%를 돌파하거나 육박했다. 이중 산본의 전세비율이 이미 64%에 도달했고 안양은 지난해 4분기 60%를 찍었다. 일산, 중동 역시 2008년 당시 각각 35%, 40%를 기록했지만 현재는 55%에 달한다[아시아경제 배경환 기자, 2013.1.15].

부동산 호황으로 포화 상태였던 서울 부동산 중개업소들이 경기침체가 장기화하면서 폐업이 속출했다. 2012년만 800여 곳이 문을 닫았다. 이에 비해 법원 경매로 나오는 부동산은 밀물처럼 쏟아졌다. 2012년 미제사건만 2천800여건에 이른다. 한결같이 매물을 내놓는 사람들은 있지만 사려는 사람이 없어 거래가 뚝 끊겼다. 우후죽순처럼 늘던 **서울시내 부동산 중개업소 숫자는 2008년 2만4천992곳을 정점으로 감소세로 반전, 올해 9월 현재 2만2천605곳으로 4년 새 2천387**

곳이 줄었다. 특히 올해 들어서는 9월까지만 작년(2만3천413곳)보다 808곳이 줄어 4년 새 감소폭이 가장 컸다. 부동산 중개업소 수는 2008년 이후 2009년 2만4천671곳, 2010년 2만4천97곳, 2011년 2만3천413곳으로 매년 줄었다. 매년 공인중개사 자격증을 취득해 새로 문을 여는 중개업소 수를 감안하면 실제 문을 닫은 업소 수는 이보다 더 많은 셈이다[서울=연합뉴스, 고상민 한지훈 이정현 기자, 2012.12.13.].

지역별로는 강남 이외 지역의 감소세가 두드러졌다. 탈출구가 안 보이는 경기상황은 입찰법정에서 생생하게 나타났다. 법원 경매를 통한 부동산 매각이 봇물을 이루는 것은 그만큼 빚을 갚지 못해 땅이나 건물을 내놓는 사람이 많다는 뜻이다. 2012년 들어 10월 말까지 서울중앙지법에 접수된 민사집행 사건은 총 3천503건에 달했다. 이는 강제경매와 임의경매를 모두 포함한 것으로, 지난해 같은 기간 3천203건에 비해 10% 가까이 늘어났다. **부동산 경기가 나빠지면서 감정평가액도 2010년부터 현실화하는 추세지만 낙찰가율이 거의 변하지 않고 있는 실정이다.** 이것은 그만큼 부동산이 헐값에 낙찰되고 있다는 증거다. 경매가 급증하면서 법원에서 다 처리하지 못하고 묵혀놓은 미제 사건도 함께 늘어나고 있다. 2012년 10월 말까지 미제 사건은 총 2천838건으로 작년 같은 기간의 2천668건보다 6% 가량 증가했다. 경매 참여관 한 명당 연간 미제 건수가 300건에 육박할 정도다[서울=연합뉴스, 고상민 한지훈 이정현 기자, 2012.12.13.].

5. 부동산 거품은 초과수요와 투기로 발생한다.

경제현실에서 일어나는 **거품가격(bubble price) 현상**도 부동산시장의 수요공급의 과도한 불균형에서 발생한다. **거품가격이란 시중가격이 시장의 균형가격(적정가격)보다 크게 상회하는 현상이다. 거품가격 현상은 투기(speculation)와 깊은 관련을 맺고 있다.** 예를 들면 1970년대 후반 이후 2000년대 중반까지 우리나라 부동산 가격은 지속적으로 오르면서 최근 부동산가격에 거품이 잔뜩 낀 것으로 진단되었다. 이러한 현상은 투기열풍에 의해 부동산시장가격이 필요 이상으로 부풀려 형성된 것이다. 특히 한국에서 부동산가격이 지나치게 높은 수준에 형성된 것은 여러 요소가 복합적으로 작용하였다.

우선 한국 부동산시장의 특성을 열거해 보자. **한국인의 부동산 선호사상은 유달리 강했다. 한국인의 재산형성과정을 보면 부동산소유가 빈부격차를 가늠하는 지렛대 역할을 하였다. 부동산 보유는 저소득층과 고소득층 간의 소득격차를 발생시킨 가장 중요한 요인이었다.** 다수의 한국인들은 소득수준이 낮았고 연금, 의료 등 사회 안정망이 낮으며 복지그물망이 빈약했기 때문에 한국인들은 부동산 보유를 비상시의 안전장치의 최후수단으로 삼았고 재산축적수단의 디딤돌로 생각했다. 따라서 한국인들은 높은 부동산 선호사상을 가질 수밖에 없었다.

부동산 불로소득이 근로소득을 능가했다. 다시 말해서 부동산 자본이득소득이 근로소득을 능가했다. 부동산은 불로소득을 창출하는 중요한 수단이었다. 정부의 경제정책은 부동산 이득의 기회를 부단히 부채질하였다. 특정지역의 집중 개발은 해당지역의 개발 호재로 막대한 불로소득을 유발했고 막대한 토지보상금은 부동산 투기 열풍을 부단히 촉진시켰다. 부동산시장, 주식시장, 채권시장, 외환시장 등의 시장개입정책과 국공채관리정책이 음양으로 부동산 선호사상을 부추기고 부동산 자산수익률을 지속적으로 높였다. 이러한 분위기는 다른 금융자산의 투자 매력을 박탈하였다. 절대 다수 국민들이 주식채권투자를 기피하고 부동산 투자에 매달린 것이다.

6. 부동산 구입자와 공급자의 비합리적인 경제행위

부동산구입자들은 실수요자, 투기꾼, 자본이득을 노리는 투자자들이다. 이들은 격심한 쏠림 현상을 유발한다. 건설업체 등 공급자들은 정치자금과 결탁하거나 부정부패와 연루되거나 또는 비자금 조성 등 비정상적인 영업행위가 지배하였다. 한국경제에서 일어나는 비용 급등 현상이 해년마다 반복 되었다. 이는 부동산가격의 하방경직성을 굳히는 밑천이 되었다. 이러한 요인들은 한국의 부동산 가격을 부단히 올리는 구조적인 요인들이다.

부동산정책은 불법과 탈법 거래를 부추겼다. 부동산 가격은 다른 재화와 서비스의 가격처럼 일차적으로 수요와 공급에 따라 움직인다. **주택 공급은 가격 변동에 즉각 반응하기 어려운 비탄력적인 특성을 가지고 있다. 주택 공급은 수요대로 곧바로 생산할 수 없고 수요가 있어도 공급하려면 많은 시간이 걸린다. 따라서 부동산 시장은 미래에 대한 예측에 민감하게 반응한다.** 여기에 소비자의 심리적인 요인까지 가세하면 부동산 시장은 더 크게 작용한다. 불안정 장세가 격심하다.

그 동안 부동산 시장의 특성과 맞물린 국내 부동산 경제는 특히 단기적으로 불안정성이 높고 계속된 수급 불균형 상황에 시달렸다. 수급 불균형은 부동산시장의 불안정을 유발하면서 가격 등락을 가져온다. 부동산 가격은 국민 경제에 큰 영향을 미치는 대표적 경제 변수다. 부동산 가격은 심리적 요인과 조세 정책, 금융정책, 경제성장, 주택 토지 정책 등 여러 요인의 영향을 받는다. 이 중 금융정책은 금리 조절이 중심을 이룬다. 구미 주요 선진국들은 금리정책을 통해 부동산 시장을 조절한다. 선진국은 부동산시장에 직접 개입하지 않는다. 우리나라처럼 한국토지주택공사와 같은 공기업체들이 민간주택시장에 직접 뛰어들고 있지 않다.

금리와 부동산 가격은 반비례 관계에 있다. 금리가 오르면 투자자의 구매 비용을 높이게 돼 주택 투자자들은 부동산 구매를 줄이는 경향이 있다. 또한 은행 빚을 내 부동산을 산 주택 보유자들은 부채 상환 부담에 압박을 받게 된다. 이러한 영향들은 부동산 투자의 열기를 식히는 작용을 하므로 부동산 가격의 하락을 유발한다. 그러나 글로벌 금융위기 후 한국 부동산 시장은 이러한 공식과 반대로 방향으로 움직였다. 한국의 기준금리는 현재 유례를 찾기 힘들만큼 최저 금리 수준으로 떨어져 있다. 2008년 12월 4%에서 지속적으로 떨어져 올해 2%대의 수준까지 와 있다. 이처럼 낮은 금리수준이면 정석대로 부동산 가격은 상승해야 한다. 금리 2%대 수준인 시기에 서울시 3.3㎡당 매매가는 1750만 원대에 머물렀다. 오히려 기준금리가 가장 높았던

2008년 8월의 5.25% 때는 1816만원으로 매우 크게 튀었다. 이는 외환위기 극복 이후 고금리에서 저금리로 가면서 부동산 가격 폭등기를 맞이한 기간과는 명확하게 대조적인 현상을 띠고 있다.

부동산 가격을 상승시키는 경제적 배경으로는 저금리, 개인 구매력 증대, 경제적 안정 등이 함께 작용한다. 하지만 글로벌 금융위기 이후 저금리 기조는 전혀 아파트 가격에 영향을 주지 못하고 있다. 이는 주택구매 의욕의 소멸, 경제의 불확실성 지배, 주택구입자들의 심리적인 불안 등 여러 요인이 저금리 영향을 압도하기 때문이다. 또 2010년 8월 9일 기준금리가 2%에서 2.25%로 올라가자 이번에는 서울시 3.3㎡당 매매가가 1754만원에서 1818만원으로 상승하는 반응을 보였다. 공식과는 반대 방향으로 흐른 것이다. 정책당국이 금리를 올린 것은 앞으로 실물경제가 살아날 것으로 보기 때문이므로 부동산 구매 의욕이 높아지면서 가격이 오르는 역설로 본다. 결론적으로 말하면 우리나라의 경우 금리뿐만 아니라 주택담보인정비율(LTV), 총부채상환비율(DTI) 같은 규제, 기대 심리적인 요인, 투기적인 요인, 주택정책 전반에 대한 기대효과의 전문가 예측 등 부동산 가격을 결정하는 변수가 많기 때문에 금리 변수의 영향은 오히려 작을 수 있다[매일경제, 2010.9.3.].

7. 부동산 가격은 경기 변동과 정반대로 움직였다.

2008년 말 글로벌 금융위기 이후 한국 부동산 가격은 경기와 동행하기 보다는 정반대로 움직였다. 경기가 나빠질 때 부동산 가격이 오르고, 경기가 회복될 때 오히려 하락했다. **글로벌 금융위기로 미국과 영국 등의 주택 가격은 버블 붕괴로 하락세를 연출했지만 한국의 부동산 가격은 나 홀로 상승했다.** 정작 거시경제에 경기 회복 기미가 보일 때 부동산 시장이 침체에 빠지면서 정부가 부동산 대책을 내놓았다[매일경제, 2010.9.3.].

이와 같이 국내 부동산과 경기 및 글로벌 시장 간 디커플링 현상은 수치로도 확인된다. 금융위기 전인 2008년 초부터 경기 동행지수는 하락을 시작했다. 이 시기 서울 아파트 매매가격지수는 계속 상승해 그해 9월 고점을 찍었다. 경기지수의 움직임과 9개월 이상 탈동조 현상을 보인 것이다. 금융위기로 경기 침체가 계속되던 2009년 7월 아파트 가격은 벌써 상승곡선을 탔다. 경기지수는 지난 2월 회복세로 전환된 모습으로 나타났는데 또 이 시기부터 아파트 매매가격지수는 침체의 늪에 빠졌다. **외환위기 이후 국내 부동산은 실물경기와 주택경기가 동행성을 보였다. 그러나 글로벌 금융위기 이후에는 실물경기는 회복하고 있지만 주택 가격은 하락세를 나타내는 다른 움직임을 보였다.**

8. 1997년 외환위기 이후 부동산시장의 변화

2007년 11월 말로 IMF사태가 빚어진지 꼭 10년이 흘렀다. 그간 굴지의 대기업이 대마불사의 신화를 깨고 사라졌다. **외화보유액은 위기 시 39억 달러에서 이제 2600억 달러로 불어났다. 기업은 성장 위주 경영에서 수익 위주의 경영으로 탈바꿈되었다. 고용 시장은 10년이 지났지만 개선되지 않고 있다. 평생직장이 사라졌고 고용은 불안정한 상황으로 바뀌었다.** 환란의 직격탄을 맞았던 부동산 시장은 격심한 굴곡을 겪었다. 아파트 한 채로 몇 억 원씩 마련할 수 있는 기회를 잃고 주저 앉아버린 사람도 늘었다. 외환위기 이후 부동산 시장은 아래와 같은 6대 변화로 요약 할 수 있지만 이러한 추세는 2009년 전후로 끝났다.

아파트 토지 등 부동산은 공간 개념에서 멀어지고 투자 목적물이 되었다. 1960년대까지만 해도 주택은 가족들이 모여 쉬는 공간이었지 부동산 투기의 대상은 아니었다. 경제개발계획의 착수와 함께 신도시 건설 중심으로 주택건설이 본격적으로 착수되고 산업단지가 속속 진행되면서 분위기는 달라졌다. **고급 정보 없이도 운만 좋으면 쉽게 돈을 벌 수 있는 땅 부자들이 탄생한 것이다.** 1997년 11월 3.3㎡당 707만 원이었던 서울 아파트값은 2007년 11월 현재 1,649만 원으로 133.2%가 올랐다. 이는 대부분의 사람이 곧 아파트가 돈이라고 생각을 갖게 됐다. 특히 부동산 부자들보다는 오히려 일반서민들이 토지와 주택 보유를 통해 재산을 축적하는 수단이 되었다.

아파트 브랜드 열풍이 불고 있다. 위기는 곧 기회다? IMF는 주택시장의 가장 큰 위협요인이었던 반면 동시에 가장 큰 기회이기도 했다. 경기 회복을 위한 정부의 각종 지원은 물론 회생을 위한 각 건설사들의 새로운 시도가 이어졌기 때문이다. **특히 지난 1998년 분양가 자율화 도입 이후 건설사들은 너도나도 브랜드를 개발하며 주택시장의 '브랜드 전성시대'를 이끌어냈다.** 이에 따라 대우아파트와 현대아파트 자리에는 푸르지오와 힐스테이트가 들어서게 됐고, 새로운 이름에 걸맞게 품질도 향상됐다. 하지만 부작용도 만만치 않았다. 상대적 박탈감을 느낀 기존 아파트 주민들이 외벽 페인트칠만 새로 한 채 가격을 올리는가 하면 건설사들은 품질 향상을 핑계 삼아 고분양가를 책정, 논란을 일으키기도 했다.

강-남북 양극화 현상이 심화되고 있다. 외환위기 직후였던 1997년 11월 마지막 주를 기준으로 강남권(강남, 서초, 송파) 아파트의 3.3㎡당 매매가는 942만원이었다. 그리고 비강남권은 이보다 364만 원이 낮은 578만원을 기록했다. 아파트값이 바닥을 찍었던 1998년 6월에는 강남권 723만원, 비강남권 478만원으로 격차가 246만원까지 좁혀지기도 했다. 하지만 강남권 재건축 아파트로 급속히 자금이 유입된 2001년 하반기 이후 분위기는 급반전됐다. 11월까지 566만원의 격차를 보이더니 12월 656만원, 2002년 1월 714만원, 3월 816만원, 8월 972만원, 9월 1,043만원으로 점점 차이가 벌어진 것이다. 급기야 올 1월에는 강남권 2,975만원, 비강남권 1,242만원으로 1,733만원의 격차를 나타내기도 했다. 그나마 11월 첫 주 현재 각각 2,955만원, 1,299만원으로 차이를 다소 좁혔으나, 여전히 갭을 줄이지는 못하고 있다.

웰빙/로하스 바람이 불고 있다. 먹고살기 힘든 시기를 벗어나자 삶의 질을 높이는 쪽으로 관심이 쏠리기 시작했다. 이에 말 그대로 **잘 먹고 잘 살자는 '웰빙(well-being)'에 이어 개인의 건강 및 사회의 지속 성장을 추구하고 환경을 생각하는 '로하스(Lifestyle Of Health And Sustainability)' 바람까지 불었다.** 이는 주택시장에도 그대로 반영됐다. 신규 분양아파트에는 어김없이 '친환경'이라는 이름을 단 벽지, 페인트, 바닥재 등이 사용되는가 하면 강·천·공원 프리미엄도 날로 높아졌다. 건설사들도 성냥갑 같던 아파트 대신 주변 경관과 어울리는 스카이라인의 아파트를 짓기 시작했고, 수억 원의 비용을 들여 조경을 꾸미기도 했다. 최근에는 아파트의 장점을 취한 전원주택, 타운하우스 분양 열풍이 불기도 했다.

재건축 재개발 바람이 불고 있다. 부동산도 투자재라는 인식이 확산되면서 낡고 쓰러질듯 한 집에 투자를 하는 재건축·재개발 바람이 불어 닥쳤다. 사람이 살 수 없을 것 같던 주택들이 번듯한 새 집으로 변화하는 과정에서 투자자에게 엄청난 경제적 가치를 안겨줬기 때문이다. **실례로 강남권 재건축 아파트의 대표 격인 개포동 주공1단지의 경우 재건축이 본격화되기 시작한 2002년 1월 3.3m²당 2,135만 원하던 것이 2007년 11월 현재 6,553만 원으로 3배 넘게 몸값을 키웠다**. 이는 6.6m²로 수도권의 웬만한 소형 아파트 1채를 살 수 있는 셈으로, 재건축에 대한 기대감이 가격에 고스란히 반영된 것이다. 또 강북의 재개발 지분 역시 사업 초기만 하더라도 3.3m²당 1,000만 원을 넘지 못한 데서 현재는 2,000만 원 이하 물건을 찾아보기 힘들 정도다.

주상복합 전성시대를 열고 있다. 주상복합하면 타워팰리스를 떠올리기 십상이지만 사실 이 주거형태를 널리 알린 데는 2002년 10월 분양된 **송파구 신천동 롯데캐슬골드**의 공이 크다. 당시 일반 아파트와는 달리 청약통장 없이 청약이 가능했던 데다 분양권 전매도 자유로워 평균 337대 1이라는 엄청난 경쟁률을 기록한 것이다. 이어 한 달 차이로 공급된 **양천구 목동의 하이페리온**도 평균 66대 1의 높은 경쟁률을 나타냈다. 이렇듯 높은 관심도에 따른 높은 프리미엄이 형성되고, 전에 없던 단지 내 편의시설 및 소속감이 생기게 되면서 바야흐로 주상복합 바람이 불게 됐다. 특히 조망권 가치가 커지면서 40 ~ 50층 이상의 초고층 주상복합이 인기몰이를 했는데, **도곡동 타워팰리스, 목동 하이페리온, 용산 시티파크, 파크타워, 자양동 스타시티** 등은 일대 스카이라인을 바꿔놓기도 했다.

9. 아파트 분양가, 땅값, 집값

광교신도시 첫 분양아파트 분양가는 3.3m²당 1300만~1350만원에 결정된 것으로 파악됐다[건설업계, 머니투데이, 2008.8.6]. 이는 2007년 광교신도시 착공당시 밝힌 3.3m²당 예상 분양가[경기도시공사]보다 150만~400만 원을 웃도는 가격이다. 전부터 분양가상한제와 택지공급제도 변경 등을 통해 수도권 신도시 중소형 분양가를 3.3m²당 800만~1000만원으로 낮춘다고 정부 공언이 있었지만 믿을 수 없게 됐다. 앞으로 **분양가 3.3m²당 1300만~1400만 원대로 분양되면 주변시세와 비슷해져 시세 차익을 얻기 어렵게 되었다.**

땅 값 상승률은 2002~06년 기간 동안 우리나라 국내총생산(GDP) 증가율 23.9%에 대비 3.6배에 달했다.[5] **시역별 상승률은 개발호재가**

---

5) 한국의 부동산을 팔면 프랑스 국토를 7번이나 살 수 있다. 강남 고급 아파트 평당 가격은 5천만 원대로 1인당 소득을 감안할 때 뉴욕 최고급 아파트 값 4,750만원으로 넘는다. 개발 호재가 있는 곳이면 부동산 가격은 폭등했고 재건축 아파트 가격은 지속적으로 상승했다. 분양 이후 아파트 가격은 계속 치솟았다. 또한 **한국인들은 부동산 선호가 매우 강하다. 이들 요인들은 잠재수요를 현재화 시키는 폭발물이다.** 미분양 아파트의 누적이라는 수급불균형에도 불구하고 아파

많았던 서울, 경기와 충청 및 경상도 지역 중심으로 급등했다. 전국 땅 값은 2006년 5.6% 상승했으나 2007년에는 3.88% 올라 상승세가 둔화됐다. 그러나 개발호재가 있었던 지역구는 높은 상승세를 보였다 [건설교통부, 중앙일보, 2008.1.31.]. 부동산 가격 상승률; 용산 11.73%, 성동 10.50%, 인천중구 6.99%, 광진 6.28%, 동대문 6.23%, 성북 6.13%, 양천 6.08%, 인천 서구 5.97%, 경기 양주 5.84%, 종로 5.83%, 인천 4.85%, 경기 4.22%, 부산 2.16%. 땅 값 상승률이 상대적으로 낮은 곳은 부산 24%, 광주 27.3%, 전북 38.7%, 제주 40.1%, 전남 42.1%, 대

트가격이 떨어지기는커녕 오히려 분양가가 해년마다 오르기만 했다. 이는 한국 주택시장의 가격기구가 제대로 작동하지 않는다는 것을 시사한다[매일경제, 2008.7.5]. 2008년 상반기 분양된 아파트 평균 분양가는 평당 12809만원으로 2007년에 비해 24.2% 올랐다. 건설사들은 땅값과 원자재 값이 폭등해 고분양가는 불가피하다고 말하지만.

한국의 주택건설비용은 얼마나 드는 것일까? **서울의 주택건설비용은 상하이, 자카르타 등에 비해 3~5배가량 높다. 한국의 부동산 시장 특히 주택시장은 수시로 바뀌는 정부규제와 정책변경으로 인해 지역별 상품별로 심한 차이를 보인다. 집값 흐름의 차별화는 대출규제와 세제정책, 재개발 재건축 정책 차별화에 따라 심한 기복을 보였다**[매일경제, 2008.7.11]. 지역별로는 서울 강남권과 비강남권 사이에 현격한 차이를 나타냈다. 상품별로는 세금이 다소 자유로운 중소형에 비해 중대형을 맥을 못 추었다. 6억 원 미만 주택은 대출 규제와 세제에서 규제가 덜했기 때문이다. 재개발, 재건축과 관련해 강북은 각종 인센티브가 주어진 반면 강남은 까다로운 규제로 발이 묶였다. 그러나 2008년 하반기 들면서 부동산 시장 침체가 지역과 상품 특성을 가리지 않고 전반적으로 진행되었다. 2007년 말부터 미분양 아파트가 폭발적으로 늘어났다. 특히 지방의 집값 하락은 폭락수준에 가까웠다. 가뜩이나 경기 침체에 허덕이는 상황에서 부동산시장 침체까지 덮치고 해외경제와 원자재, 원유 가격 등귀, 선진국의 경기 침체와 금융 불안이 수시로 위협하면서 정부의 부동산정책 대응은 더욱 어려운 국면에 접어들었다[매일경제, 2008.7.11.].

구 43.2%, 울산 56% 이었다. 과거 수십 년 동안 울산 부산 대구 등이 집중 개발 붐으로 땅 값 상승을 누렸던 점을 감안하면 이들 지역은 2000년대 들어서 상승 폭이 둔화된 것이다[매일경제, 2009.9.10]. 지역별 부동산가격 상승률 ; 충남 145.8%, 경기 141.9%, 인천 90.8%, 대전 80.6%, 충북 77.1%, 경남 74.7%, 서울 71.5%.

전국 땅 값 상승률(2002 ~ 2005년) ; 2002년 8.99%, 2003년 3.43%, 2004년 3.86%, 2004년 1분기 1.36%, 2분기 1.09%, 3분기 0.77%, 4분기 0.58%, 2005년 4.98%, 2005년 1분기 1.76%, 2분기 1.89%, 3분기 1.13%, 4분기 0.94%, 2006년 1월 0.35%, 2월 0.42%, 3월 0.52%, 4월 0.50%, 6월 0.43% [자료; 토지공사, 매일경제, 2004.4.26, 건교부, 전월 또는 전 분기 대비, 매일경제, 2006.7.26.]. 2005년 지역별 집값 상승률 ; 서울(재건축) 31.2%, 신도시 24.8%, 수도권(재건축) 20.6%, 서울 14.0%, 수도권 9.0%, 전국 11.3% [자료: 부동산 114].

서울 수도권 지역 오피스 빌딩 매각 단가가 최근 7년 사이 두 배 가까이 급등하였다[매일경제, 2006.1.18]. **2002년 말 이후 전국 아파트 값이 33.3%** [국민은행 산출, 전국 아파트 매매기격지수 기준]**오르고 미분양 주택 수는 3.64배로 증가하였다.** 수도권 아파트 값은 47.6% 오르고 미분양 수는 4배 가까이 늘어 지방보다 아파트 값 상승률이나 미분양 주택 증가폭이 더 컸다[매일경제, 2007.10.1]. 오피스빌딩 거래액과 평당 매각단가 추이(단위 ; 천원)는, 1998년 4,410, 1999년 5,806, 2000년 6,082, 2001년

5,747, 2002년 6,144, 2003년 7,086, 2004년 7,749, 2005년 25,462이다.

전국 평균 땅 값(단위 ; 3.3제곱미터 당) ; 2002년 5만6100원, 2003년 6만6500원, 2004년 7만9200원, 2005년 8만5900원, 2006년 10만5000원(5년 전에 비해 87.2% 상승). 전국 땅 값 총액[건설교통부 고시 개별공시지가 기준] ; 2001년 1418조947억 원[국토연구원, 전국 총지가, 매일경제, 2004.4.26.] 2002년 1545조8000억 원[1600조원 추산, 토지공사, 여기에는 단독주택, 다세대, 빌라가 빠져 있음] 2006년 2911조3000억 원(5년 전에 비해 88.3% 상승)

2006년 전국 집값이 11.6% 올랐다. 2002년 16.4% 오른 이후 4년 만에 최고의 상승률을 나타냈다[중앙일보, 2007.1.4]. **이 같은 상승은 수도권 지역의 집값 급등에 가장 중요한 요인이다.** 반면 지방의 집값은 소폭 상승에 그치거나 오히려 하락하였다. 노무현 정부 출범 이후 수도권 집값은 32.2% 올랐지만 같은 기간 부산의 집값은 2.1% 하락하였다. 수도권과 지방의 양극화가 더욱 심화되었다. 2006년부터는 초강력 부동산대책이 쏟아졌다. 부동산 가격의 장기 상승세는 세계적 현상으로 자산거품 붕괴를 우려했다.

10. 한국 주택보급률과 주택수는 선진국에 뒤진다.

우리나라 주택 보급률은 선진국에 비해 크게 뒤진다. **한국의 주택보급률은 2004년 전국 평균 102%로 100% 수준을 넘었지만 선진국에는 크게 뒤떨어지고 있다. 인구 1000명 당 주택 수를 보면 독일 445가구, 미국 427가구, 일본 423가구, 영국 417가구, 한국 281가구(2005년)다**[매일경제, 2006.6.28, 선진국 2003년 기준]. 우리나라 인구 1000명당 대비 주택 수는 2005년 말 279.7채에서 2006년 285.3채로 소폭 증가했다. 그러나 미국(429채), 영국((417채), 일본(371채) 등의 선진국(2000년 기준)에 비하면 여전히 낮다. 서울은 241.1채로 전국에서 가장 낮으며 경기도(264채), 대구(253.4채)에 이어 세 번째로 낮다. 서울 경기권의 주택난이 가장 심각했다[매일경제, 2007.5.29].

GDP 대비 부동산가치(주택가격) 지수(서울/전국 평균 기준) ; GDP 5000억 달러 대비 부동산가치(전국 주택가격)는 5배에 이른다. 이는 선진국 3~4배에 비해 높지 않지만 서울 특히 강남지역은 너무 높다.

서울 강남은 지수(PIR)가 8~10배에 달한다. 이 수치는 거품이 잔뜩 끼었던 일본 도쿄보다 높다[매일경제, 2004.4.26.]; 1997년 6.25/4.58, 1998년 6.67/4.16, 1999년 6.67/4.58, 2000년 7.92/5.00, 2001년 7.50/4.58, 2002년 6.44/5.47, 2003년 8.90/6.20.

아시아 금융위기 직후 1999년 이후 4년간 아시아 지역의 주택가격 상승률이 소득증가율에 크게 미치지 못했다[국제통화기금 분석, 이코노미스트,2007.7.7/매일경제, 2007.7.11]. 실질 주택가격의 매년 상승률과 소득의 연평균 증가율(1999-2003년)을 보면 미국 6%/2%, 중국 3%/9%, 한국 3%/2%를 나타냈다. 따라서 한국 대만 홍콩 싱가포르 태국의 주택가격(소득수준 감안)은 90년대 최고 가격과 비교할 때 아직도 37%~58%의 상승 여력이 있었다. 그러나 2009년 들어서 부동산거래의 침체로 주택가격이 내려갔지만 소득 수준에 비하면 여전히 매우 높았다. **연소득 대비 주택가격 비율(PIR·Price to Income Ratio)이 평균 4억4천646만 원대**[서울 지역 집값 5단계 순위 중 중간 순위인 3분위 기준]**로, 중산층가구의 평균 연소득 3천830만원**[중간 소득 순위 3분위 기준]**의 11.7배에 달했다**[국민은행; 2010년 6월 기준 산출].[6] PIR가 11.7배라는 것은 연소득 전부를 가지고 주택을 구입할 때 소요되는 기간이 11.7년 걸린다. 분위별 소득가구를 보면 1분위 소득 가구(1천295만원)는 34.5년, 2분위(2천757만원)는 16.2년, 3분위는 11.7년, 4분위(5천136만원)는 8.7년, 5분위(8천534만

---

6) 연소득 대비 주택가격 비율은 주택 구매 능력을 나타내는 지표로서 소득액을 모두 투입해 집을 장만하는 데 걸리는 기간을 말해주고 있다.

원)는 5.2년으로 나타났다. 올 들어 집을 구입하는데 걸리는 기간이 작년에 비하면 전체적으로 약간씩 떨어졌다. **부동산 침체로 집값이 떨어져 PIR 지수를 떨어뜨리는 효과를 가져왔지만 현재의 주택가격 수준이 소득수준에 비하면 여전히 너무 높다.** 도로, 교통 등의 기본 인프라, 자연 환경 풍치, 병원, 백화점, 문화 체육시설 환경, 박물관 등 주택주변 환경과 접근성 등을 고려할 때 우리나라의 주택가격은 주요 선진국에 비하면 터무니없이 높다. 볼 품 없는 성냥갑 아파트의 가격은 단지나 지역에 따라 천차만별이고 어느 곳이든 터무니없이 높다[연합뉴스, 2010.9.5, 국민은행].

11. 지역별 상이한 집값 변동이 지역 간 소득격차를 확대시켰다.

2013년 1월1일 기준 공동주택 공시가격은 지난해 수도권 주택 경기 침체의 영향이 고스란히 반영됐다. 전체 공동주택의 53%를 차지하는 수도권의 약세가 전체 평균을 끌어내렸다. 지난 2009년 글로벌 경제위기 이후 최대 하락폭이다. 그러나 개발 호재가 있는 지방은 전년대비 소폭 상승하였다. 수도권과 명암이 대비되고 있다. **2013년 공동주택 공시가격은 -4.1%로 지난 2009년(-4.6%) 이후 최대 하락폭을 기록했다. 전국적으로 6개 시 · 도가 하락했다.** 수도권(-6.3%)의 경우 서울(-6.8%)과 인천(-6.7%), 경기도(-5.6%)가 나란히 하락률 1 ~ 3위를 기록했다. 경기 침체와 값싼 보금자리주택 공급, 재개발 · 재건축 사업 중단 등으로 집값 상승에 대한 기대가 낮아지면서 거래량도 급감한 때문이다. 최근 1 ~ 2년간 집값이 크게 올랐던 경남과 부산시도 가격 상승에 대한 부담감으로 각각 2.8%, 2.7% 하락했다. 이에 비해 비수도권은 1.3% 올라 대조를 이뤘다.

시 · 도별로는 중앙행정기관 이전 호재가 있는 세종시가 8.9%로 가장 많이 올랐고 경북도청이전 사업 등이 추진되는 경북도가 7.3% 올라 뒤를 이었다. 울산(6.5%), 제주(5.5%), 대구(5.4%), 충남(4.1%) 등도 각각 개발호재로 공시가격이 상승했다. 시 · 군 · 구별로는 142곳이 상승했고, 107곳이 하락했다. 행정기관 이전과 재건축 침체로 과천시가 -13.1%로 가장 많이 떨어졌고 역시 재건축 약세로 서울 강남구가 11.6% 내렸다. 용인 수지구(-11.4%), 서울 강동구(-10.7%), 용인 기흥구(-10.4%)도 하락폭이 컸다. 반면 화정동 주거환경개선사업 이주, 공단근로자 수요 증가 등으로 울산 동구는 16.4% 올랐다.

지하철 · 산업단지 등의 개발이 진행되고 있는 경북 경산시(12%), 울산 북구(11.1%), 전남 나주시(10.3%) 등도 상승했다. 지방 10개 혁신도시의 공시가격은 전년도와 변화가 없었고 기업도시는 4.6% 상승했다. 이번 공시대상 공동주택 가운데 90.1%(984만9천424가구)가 3억원 이하였고 9억 원 초과 고가주택은 0.8%(5만2천180가구)다. 고가주택일수록 하락폭이 컸다. 1억 원 이하 주택은 1.4 ~ 3.4% 상승했지만 1억 원 초과 ~ 2억 원 이하는 4.8%, 3억 원 초과 ~ 6억 원 이하 8.2%, 6억 원 초과 ~ 9억 원 이하 10.3%, 9억 원 초과는 11.3%가 각각 하락했다. 규모별로는 전용면적 33㎡ 이하 주택이 0.9% 상승했지만 33㎡ 초과 ~ 85㎡이하는 1.1~3.4% 하락했다. 특히 전용 85㎡초과는 6.3 ~ 8.7% 떨어지는 등 상대적으로 낙폭이 컸다.

공동주택과 달리 개별 단독주택은 전국적으로 2.51% 올랐다. 단독주택의 올해 시가반영률을 소폭 올린 영향도 있지만 아파트보다 경기에 민감하게 반응하지 않아 하락폭이 적었다. 울산시가 7.61%로 가장 많이 올랐고 세종시(7.36%), 경남(5.39%) 등도 강세다. 서울(2.99%), 경기(1.46%), 인천(1.01%)도 소폭 상승했지만 상승률은 전년에 비해 크게 둔화됐다[세종 = 연합뉴스, 서미숙 기자, 2013.4.29.].

12. 부동산 경제는 국민경제를 변화시키는 지렛대였다.

한국의 부동산 경제는 한 동안 고가 아파트 붐으로 투기와 비정상투자가 활개 쳤지만 노무현 정부 집권 말부터 급격히 위축되었다. **이명박 정부 5년 동안에도 수도권에서 9억 원 이상 고가 아파트가 절반 가까이 줄어들었다.** 수도권 9억 원 이상 아파트 가구 수는 현재 13만7천507가구로 MB정부가 출범한 2008년 2월 23만8천235가구보다 42.28%(10만728가구) 감소했다. 지역별로는 서울이 2008년 19만2천939가구에서 최근 12만7천913가구로 5년 동안 33.70%(6만5천26가구) 줄어들었다. 중구(97.15%), 강동구(85.43%), 동작구(75.22%), 구로구(74.25%) 등 지역에서 70% 이상 감소했다. 중구는 2008년 2월에 982가구였지만 현재는 28가구밖에 남지 않았다. 강동구 고가 아파트는 2008년 5천902가구에서 최근 860가구로 감소했다. MB정부 출범 당시 고가 아파트로 꼽힌 둔촌주공 단지가 제외됐다.

경기는 1만779가구에서 2천59가구로 80.90%나 줄어들었다. 2008년

2월 당시 9억 원을 넘는 아파트가 있었던 광명, 수원, 안양에서 고가 아파트가 사라졌고 고양(97.73%), 용인(86.69%) 등 지역에서도 고가 아파트가 대거 자취를 감췄다. 신도시 9억 원 이상 아파트는 MB정부 초기에는 3만3천58가구였지만 현재는 7천502가구로 77.30% 감소했다. 산본에서는 고가 아파트 감소율이 100%를 기록했고 평촌(98.3%), 일산(78.03%), 분당(74.94%) 등도 감소율이 높다. 인천에선 97.74%의 감소율을 보였다. 부평구에는 9억원 넘는 아파트가 한 가구도 없다. 2008년 글로벌 금융위기가 한국경제를 덮치면서 투자심리가 급격히 위축돼 고가 아파트들이 외면 받았고 주택시장이 실수요자 위주로 재편되면서 고가 아파트 감소가 급속히 진행됐다[연합뉴스, 윤선희 기자, 2013.2.24.].

2013년 4·1 부동산 종합대책 시행 후 일부 강남 재건축 아파트들이 5개월 만에 10~20% 올랐다. 2013년 5월 17일 기준 서울과 경기 아파트 매매가격은 작년 말과 비교해 0.99%, 0.73%씩 떨어진 상태지만 강남권 일부 아파트는 호가 상승과 거래 증가 등으로 최고 20%대까지 상승했다. 강남·서초·송파·강동 등 강남4구 재건축 아파트들이 매매가격 상승률 상위권에 올랐다. 강남 개포 주공3단지(공급면적 35.859㎡)는 올해 들어서만 20.4% 상승했다. 매매가격이 작년 말 5억 250만원에서 현재 6억500만원으로 5개월 새 1억 원 넘게 뛰었다. 강남 압구정동 현대사원(105.7856㎡) 아파트도 19%의 상승률을 기록했다. 매매가격이 12억5천만 원 수준으로 작년 말 대비 상승폭은 2억 원으로 가장 크다. 양천구 목동 목동신시가지7단지(저층 · 72.7276m²)는 18.5%(8천500만원) 상승했다.

송파구 잠실동 주공5단지(112.3972m²)의 매매가격은 작년 말 9억 원에서 10억5천만 원으로 16.7%(1억5천만 원) 올랐고 강동구 둔촌동 둔촌주공1단지(52.8928m²)는 15.6%(7천500만원) 상승한 5억5천500만원을 나타내고 있다. 개포동 주공3단지(50.633m²)와 가락시영2차(56.1986m²)도 올해 들어 각각 12.9%, 12.6% 뛰었다. 2013년 4 · 1 부동산 대책 시행과 재건축 사업 추진 등으로 아파트 가격 상승세가 나타나고 있다. 강남 재건축 등 아파트 오름세는 당분간 지속될 것으로 본다. 서울 재건축아파트 가격은 이번 주 0.11% 상승해 17주 연속 상승세를 이어갔다. 강남 재건축 중심으로 아파트 가격이 연초부터 오름세를 이어갔고 저가 매물이 팔리고 호가가 오르면서 관망하는 심리도 생겼지만 가격 상승세는 지속될 것으로 본다[서울 = 연합뉴스, 윤선희 기자, 2013.5.17.].

〈표〉 2013년 상승률 상위 아파트단지 현황

구분	읍면동	아파트	공급면적 (㎡)	평균 매매가 2012. 12.28	평균 매매가 2013. 5.17	상승액 (만원)	상승률 (%)
서울	압구정동	현대사원	105.7856	105000	125000	20000	19.0
	반포동	주공1단지	138.8436	187500	202500	15000	8.0
	잠실동	주공5단지	112.3972	90000	105000	15000	16.7
	개포동	주공3단지	35.859	50250	60500	10250	20.4
	개포동	주공2단지	80.25	99000	109000	10000	10.1
	개포동	주공3단지	50.633	77500	87500	10000	12.9
	개포동	주공1단지	58.069	86250	95000	8750	10.1
	목동	목동신시가지 7단지(저층)	72.7276	46000	54500	8500	18.5
	대치동	은마	101.701	73500	81500	8000	10.9
	가락동	가락시영2차	56.1986	63500	71500	8000	12.6
	둔촌동	둔촌 주공1단지	52.8928	48000	55500	7500	15.6

[자료 : 부동산114 제공]

13. 서울 수도권 아파트 매매가격은 연속 약세다.

2013년 6월 말 취득세 감면 혜택 종료를 앞두고 **서울과 수도권 아파트 매매가격이 2주 연속 약세를 이어갔다.** 지난 4개월 동안 오름세를 보이던 서울 재건축 아파트들도 이번 주 0.24% 떨어졌다. 송파(-0.51%)와 강남(-0.39%), 강동(-0.07%), 서초(-0.05%) 등 강남 4구 재건축아파들이 줄줄이 약세였다. 이달 말 취득세 감면 조치 종료 시점이 가까워지면서 거래 절벽을 우려한 집주인들이 가격을 내려 매물을 내놓고 있기 때문이다.

서울의 아파트 가격은 송파(-0.11%), 노원(-0.09%), 강남(-0.08%), 동대문(-0.06%), 강서(-0.06%), 관악(-0.05%), 영등포(-0.05%), 성동(-0.05%) 등 순으로 하락했다. 신도시(-0.01%)와 수도권(-0.01%) 아파트 가격도 동반 약세를 나타냈다. 신도시에선 평촌(-0.03%)과 산본(-0.01%)은 내렸고 일산, 중동, 분당은 보합이었다. 수도권은 인천(-0.04%), 부천(-0.03%), 과천(-0.02%), 김포(-0.02%), 의정부(-0.01%)

등 아파트 가격이 하락했다. 부천 오정동 삼두, 세종1단지, 운양 등이 500만원 내렸고 과천 부림동 주공8단지도 250만원 하락했다.

반면 **아파트 전세가격은 물건 부족으로 작년 8월 말부터 41주 연속 상승 행진을 이어갔다.** 서울(0.05%)과 수도권(0.01%)이 올랐고 신도시는 보합을 기록했다. 서울 아파트 전세는 성북(0.16%), 강서(0.10%), 강남(0.09%), 광진(0.09%), 노원(0.09%), 강북(0.08%), 마포(0.08%), 성동(0.08%), 은평(0.08%) 등 순으로 올랐다. 신도시에선 분당(0.01%)만 오르고 평촌, 산본, 일산은 변동이 없었다. 수도권은 인천(0.04%), 김포(0.03%), 용인(0.02%), 의왕(0.02%), 남양주(0.01%) 등이 상승했다[서울=연합뉴스, 윤선희 기자, 2013.6.7.].

지방부동산 열풍의 섬이 부산에서 대구로 옮겨가고 있다. 전국의 부동산 경기침체 속에서도 올해 대구 아파트 매매가격은 2013년 6월 21일 기준 2012년 말보다 3.74% 상승했다. 이 같은 상승률은 전국 광역자치단체 중 최고 수준이다. 같은 기간 서울과 부산 아파트 매매가격이 각각 1.35%, 0.21% 떨어진 것과 대조적이다. 지난 2011년 분양열풍을 일으키며 지방 아파트시장을 선도했던 부산지역이 서서히 내리막길을 걷자 대구가 지방 부동산 열풍의 바톤을 이어받은 모양새다.

2011년 말과 비교한 아파트 매매가는 대구가 무려 8.02% 오른 반면 부산은 1.49% 내렸다. 같은 기간 서울 아파트 가격은 7.64%, 전국은 4.04% 각각 하락했다. 아파트 전세가격 변동률도 명암이 엇갈렸다. 올해 아파트 전세가격 상승률은 대구가 4.1%로, 부산 1.54%의 3배에 육박했다. 2011년 말에서 현재까지 아파트 전세가격은 대구는 무려 14.32% 올랐으나 부산은 1.6% 오르는 데 그쳤다. 두 지역 아파트시장의 명암이 엇갈린 것은 공급 물량의 조절 실패에 따른 것이며 당분간 대구 부동산 열풍이 계속될 것으로 전망했다.

부산 아파트시장은 2008년부터 2011년까지 전성기였다. 2008년 글로벌 금융위기 이후 공급이 줄어들고 수도권시장 약세를 피해 시중 유동자금이 부산으로 몰리면서 2011년과 2012년 한해 2만 가구 이상씩 물량이 쏟아졌다. 이런 열풍으로 부산 아파트 가격은 2011년 한해 14% 올라 정점을 찍었으나 과잉 공급에 발목이 잡혀 작년에 1.14% 하락했고 올해 들어선 약보합에 머물고 있다. **반면 대구는 부산과 반대로 2007~2010년까지 침체기를 보냈다.** 2005~2007년 대규모 분양으로 미분양 아파트가 한 때 2만 가구를 넘어 홍역을 앓은 것이다. 그러나 2011년 이후 미분양이 해소되자 오히려 물량이 부족해지며 전세와 매매가격, 분양시장까지 호조세를 보이고 있다. 올해 4월 기준 미분양 아파트는 약 1천700가구로 줄어들었다.

또 대구가 정치적 고향인 박근혜 정부에 대한 기대감과 동대구역세권 개발, 혁신도시 · 대구국가산업단지 조성 등 개발 호재가 풍부한데다 그동안 상대적인 저평가 인식이 확산하면서 수도권 등에서 투자자들이 몰리며 가격을 밀어올리고 있는 추세이다. 입주 물량은 부산이 2012년 1만3천508가구, 2013년 2만488가구, 2014년 1만7천343가구에 달한 반면 대구는 각각 4천384가구, 7천908가구, 9천577가구로 훨씬 적은 편이다[서울=연합뉴스, 윤선희 기자, 2013.6.25./부동산114(www.r114.com)].

경북 · 대구 지역의 아파트값이 꾸준히 상승했다. 중앙부처 이전 호재로 가파르게 상승한 것이다. 이 같은 상승세는 혁신도시와 최근 2~3년간 공급이 위축된 결과다. 최근 상승한 곳은 경북(0.32%), 대구(0.27%), 세종(0.25%), 서울(0.16%), 광주(0.15%), 충남(0.13%) 순이다. 전국 평균 아파트 매매가격이 전주 대비 0.10% 상승한 점을 감안하면 경북 · 대구 지역은 전국 평균의 세 배 가까이 가격이 뛰었다. 대구 지역은 지난 2~3년 동안 공급 물량이 다른 지역에 비해 많지 않았고 혁신도시 인근 지역 중소형 아파트 가격이 장기간 상승한 영향이 컸다. 대구혁신도시는 대구 동구 신서 · 동내동 등 421만여m²에 한국가스공사 등 11개 기관이 들어설 예정이다. 오는 12월이면 부지 조성 등이 완료되고 내년 말 공공기관 이전이 끝나면 약 2만3000여명이 거주하게 될 것으로 보인다. 경북혁신도시는 경북 김천시 남면 · 농소면 일원 381만여m²에 한국도로공사 등 12개 공공기관이 내년 말이면 이전을 완료할 계획이다. 예상인구는 2만6000여명이다[아시아경제 이민찬 기자, 2013.4.14./한국감정원].

2010년 4월부터 6월까지 하락 국면 3개월 동안 부동산 가격은 중

형(-0.1%), 소형(-0.5%)보다 대형(-1.4%) 아파트가 더 크게 하락했다. 그동안 핵가족화와 이혼가구 증가, 고령화로 인해 중소형 주택 수요가 급증하고 있는 사이 주택 공급은 대형 위주로 이뤄져 왔던 것이 결국 수급 불일치를 가속화시켰다. 신규 건설 역시 중대형 위주로 이뤄지면서 수급 불일치가 크게 확대되었다. **인구구조의 변화에 따라 주택에 대한 수요가 바뀌고 있는데도 여전히 정부와 건설사는 대형 위주의 주택 공급만 해 온 정부 실패와 민간 실패의 합작품이다.**7)

2009년 2월 전국 아파트 거래는 2만8741건으로 한 달 전보다 1만 667건(59%) 늘었다. 특히 수도권은 4893건에서 1만106건으로 두 배가 됐다. 강남의 일부 재건축 대상 아파트는 가격도 많이 뛰었다. 서울 대치동 은마아파트 전용면적 77m²형은 한 달 새 4000만~8000만 원 올랐고, 잠실동 주공5단지 77m²형은 최고 가격이 1억 원 상승했다. 하지만 본격적인 거래량·가격 회복을 말하긴 아직 이르다. 2월 전국 거래량은 지난해 같은 달(3만6833건)에 비하면 78% 수준에 불과하다. **그간 거래가 워낙 줄고 값이 많이 떨어진 데 따른 반작용일 가능성이 큰 것으로 보고 있다.** 이명박 정부가 3월 안에 강남 3구를 투기지역·투기과열지구에서 풀더라도 시장이 과열되는 일은 없을 것이란 분석이 많다[중앙일보, 2009.3.19.].

7) 금융위기 이후 부동산 경제에 대한 관점을 바뀌었다. **주택은 과거 높은 수익률과 낮은 변동성으로 수익성과 안정성 측면에서 가장 매력적인 자산이었다. 주식, 채권, 금, 골동품 등 투자대상물 중에서 부동산은 가장 선호하는 자산이었다. 하지만 금융위기 이후 주택보급률 상승과 인구 감소, 고령화 사회 진입을 앞두고 수요자 중심으로 시장이 변하면서 안정성이 떨어졌다.**

2008년 이후 버블세븐 아파트의 시가총액 대량 증발 ; 글로벌 금융위기의 시발점이 됐던 2008년 9월 리먼브라더스 파산 이후 6개월간 '버블세븐'아파트의 시가총액이 28조 원 가량 증발했다. 2009년 3월 18일 현재 버블세븐 아파트 시가총액은 총 413조7천592억 원으로 미국 발 금융위기가 불어 닥친 지난해 9월 중순의 442조1천423억 원에 비해 28조3천8백31억 원이 감소했다. 매매된 아파트의 연간 실제 거래가격 총액은 2008년 72조3534억 원으로 부동산 경기가 좋았던 2006년(108조원)의 3분의 2에 그쳤다. 2006년 말 노무현 정부 말기 주택담보대출비율(LTV), 총부채상환비율(DTI) 등 각종 금융규제가 쏟아지면서 2007년엔 63조9494억 원으로 확 줄었다.

2008년 이명박 정부가 들어선 이후 경기 침체까지 겹치면서 거래가 줄어든 데다 가격도 크게 떨어져 2007년보다 다소 늘어난 72조3534억 원이지만 2006년에 비하면 33% 적고 2008년 예산 262조8000억 원(총지출 기준)의 4분의 1 정도다. **수도권 아파트의 실거래가 총액은 2년 새 절반으로 줄었다. 특히 서울 강남 3구(강남 · 서초 · 송파)는 거의 3분의 1 수준으로 추락했다.** 반면 지방은 되레 총 거래액이 늘었다. 한 채당 평균 거래가격은 서울(4억200만원)이 가장 비쌌고, 전남(7600만원)이 제일 낮았다.

거래 부진은 수도권에 집중됐다. 수도권 아파트의 실거래가 총액은 2006년 87조5437억 원에서 지난해 46조6836억 원으로 47%가 줄었다.

서울도 절반(41조6466억 원→20조7065억 원)으로 줄었다. 특히, 강남 3구(강남 · 서초 · 송파)는 13조663억 원에서 4조6971억 원으로 거의 3분의 1로 뚝 떨어졌다. 이에 따라 전국 아파트 거래액에서 강남 3구가 차지하는 비중은 2006년 12%에서 지난해 6%로 낮아졌다. 반대로 지방은 2년 새 20조4459억 원에서 25조6698억 원으로 26% 늘었다. 전체 거래에서 지방이 차지하는 비중도 19%에서 36%로 높아졌다.

2008년 전국 아파트의 평균 실거래가는 한 채당 1억6900만원이었다. 서울은 4억200만원, 강남 3구는 6억9800만원이었다. 평균 거래가격이 가장 낮은 곳은 전남(7600만원)으로 서울의 5분의 1이 채 안 됐다. 경북 · 전북 · 충북 · 강원 · 충남 · 광주도 평균 1억 원 밑이었다.

2008년 주택매매가격은 수도권이 주도했다. 유입인구 증가에 비해 공급량이 크게 부족해 주택수급 불균형이 가격 상승을 유발했다. 수도권의 경우 내년 중 완공이 예상되는 2005년과 2006년의 주택건설인허가 물량은 연간 20만호를 하회했다. 그동안 수도권의 연간 주택건설인허가 물량은 지난 90년 이후 외환위기 당시인 98년을 제외하고 20만호를 하회한 경우가 없었다는 점을 감안할 때 큰 폭으로 공급이 줄어든 셈이다. 반면 수도권의 가구 수는 2000~2005년 연평균 19만2000호 증가해 증가규모가 확대됐다. 수도권의 주요 주택구입연령인구도 올 들어 3분기까지 2만4000명 증가하는 등 증가 추세가 지속될 전망이어서 수급불균형이 발생할 수 있다. 따라서 수도권의 2008

년 주택매매가격은 4~5% 상승해 비수도권에 비해 높은 상승을 예상한다. 인천을 제외한 5개 광역시와 기타 지방의 내년 주택매매가격은 주택공급 증가와 수요측면의 부진으로 각각 1~2%, 0~1% 상승에 머무를 것으로 예상됐다. 2008년 249개 시, 군 구 지역 등 전국 땅 값이 5월 이후 조금씩 꾸준히 하락했지만 12월에는 10년 만에 2.72% 하락했다[국토해양부, 매일경제, 2009.1.24]. 지역별 하락률은 서울 3.48%, 인천 경기지역 3.74%와 3.13%로 나타났다.

2008년 1월과 비교해 미국과 영국의 주택 가격이 20.8%와 7.0%씩 내린 것과 대조적으로 우리나라는 같은 기간 5.5% 올랐다. 그러나 미국 주택 가격이 하락세에서 벗어나 다소 주춤한 2월부터 한국 부동산은 되레 수도권을 중심으로 가격이 하락했다. **경기와 부동산 가치는 비례하는 것이 일반적인 현상이다. 그러나 금융위기 이후 한국의 부동산 경제에는 근본적인 변화가 감지되고 있다. 본래 주가 상승 이후 실물경제 회복, 부동산 가격 상승의 순차적 순환이 형성되는데 금융위기 이후에는 이 사이클에 대한 기본적 시차가 없어지고 있다. 통상 부동산시장은 경기에 후행하고 주식시장은 선행한다.** 그 선·후행 시차가 10개월 정도였는데 금융위기 이후 동행 또는 1~3개월로 시차가 줄어들고 있는 것으로 분석됐다. 그러다보니 경기변동과 부동산 가격의 상관관계가 뒤틀리고 있는 것이다. **부동산 가격의 상승은 부의 효과(wealth effect)의 통해 민간투자와 민간소비지출을 증가시킨다. 차입자의 담보가치 증가로 신용창출을 증가시키는 효과가 있다.**

하지만 이번에는 경기 회복기에도 부동산 가치가 하락하면서 부의 효과는커녕 오히려 여러가지 역효과를 낳고 있다.

지금 부동산 시장은 2009년 주택 가격 상승률이 하락 반전하면서 거래량과 공급량이 모두 줄고 있는 상황이다. 수요를 찾기 힘드는 측면에서 모멘텀 강화를 기대하기 어려운 상황에 처해 있다. 부동산 가격이 사회적으로 큰 문제가 되는 것은 전 재산을 부동산에 쏟아 붓는 한국사회의 특수성 때문이다. 어렵게 집 한 채 마련한 사람이건 여러 채의 부동산을 보유한 갑부이건 너도나도 부동산 보유자들은 부동산이 절로 뛰어오르기를 바라는 풍토가 지배한 탓이다.

금융위기 이후 국내 부동산 움직임이 바뀐 것은 매도자 우위시장에서 매수자 우위시장으로 바뀐 때문이라고 풀이하기도 한다. 수급의 불일치는 미분양 주택 물량의 급증을 가져왔고 거래마저 실종시킨 것이다. 아파트를 팔아도 대출을 갚고 나면 한 푼도 건지지 못하는 일명 '깡통아파트'도 등장하고 있다. 지어놓으면 팔리던 시절은 그야말로 옛말이 된 것이다. 중소형 아파트와 대형 아파트 가격 하락 추이는 수급불균형(미스매치) 현상의 대표적인 예다.

14. 부동산시장의 거품논쟁

한국 부동산 시장에는 아직도 상당한 거품이 끼여 있다. 현재 매수자가 구입에 본격적으로 나서지 않고 관망하는 분위기이므로 그런 분위기가 움트기 시작할 국면에서 부동산 가격은 적정가격을 찾아가는 중으로 진단할 수 있다. **적정부동산가격을 추정하는 방식 중의 하나는 연봉 대비 주택구입비용으로 적정 아파트 가격을 산출하는 방법이 있다.** 한국 주요 대기업 사무직 노동자의 평균 연봉을 5000만 원으로 본다면 이의 4배가량인 2억 원 정도가 서울 주요 지역 전용면적 85제곱미터(30평형) 아파트 가격 적정가로 산출한다.

또 다른 아파트 가격 적정가 산출 방식은 미국의 케이스 실러 주택지수 기준으로 측정하는 방법이다. 케이스 실러 지수는 미국 20개 대도시 지역의 주택 가격을 1880년도부터 조사하고 통계를 낸 뒤 이를 지수화해 과거와 현재를 비교하는 지표이다.

케이스 실러 지수에 따르면 2000년 지수를 100으로 할 경우 미국 주요 10대 도시의 지수는 2007년 지수 고점일 당시 230 정도였다. 3년이 지난 2010년 케이스 실러 지수는 2009년 하반기 지수에서 저점을 형성한 수준 근처에서 안정적으로 움직인다. 이 지수에서 미국의 안정된 취업자가 집을 살 수 있는 수준이라고 한다. 2000년 가격 기준으로 50% 내외의 상승을 한 현재 가격을 적정가로 본 것이다.

하지만 1995년의 케이스 실러 지수를 보면 상황은 달라진다. 당시 지수는 75 내외로 현재 가격의 절반에 불과한 지수다. 미국 경제가 호황국면에 돌입한 1990년대 중반부터 미국 주택 가격은 상승 국면에 들어섰고 부시 행정부의 저금리 주택경기 부양에 힘입어 2000년부터 가파른 상승을 보였다. 이런 이유로 여전히 집값이 비싸며 충분한 조정을 보여야 한다고 주장한다.

한편 고용만 안정된다면 과거 같은 상승세는 다시 나타나지 않을 것이며 큰 하락도 없을 것으로 전망한다. 캐나다 호주의 경우, 주택 가격은 2000년에 비해 크게 오른 상태다. 최근 경기 불확실성으로 인해 거래가 크게 줄었을 뿐 가격은 고점에서 크게 떨어지지 않고 있다. 영국의 주택 가격은 크게 떨어섰나. 스페인의 주택 가격은 고점 대비 현격하게 하락했다. 독일은 과거 10년 동안 주택 버블이 거의 없었으며 지금도 큰 등락 없이 안정적 상태이다. 중국의 대도시는 지난해까지 상승세였으며 홍콩은 최근까지 상승했다.

금융위기 이후 세계 부동산은 예외 없이 조정을 받았다. 국가별 상황은 각국의 경제상황에 따라 다르지만 대부분 주택가격이 회복 중이다. 그렇다면 한국 부동산 시장은?

한국 부동산은 외국과 비교할 때 일부 지역을 제외하면 여전히 거품이 끼어 있다. **한국의 부동산은 1990년대 들어 안정세로 접어들었다. 공급이 부족했던 서울 및 수도권은 상승압력을 받았으나 5대 신도시 건설로 인해 하향 안정세로 접어들었다. 이 같은 추세는 5~6년간 지속되다가 1996년쯤 상승세로 돌아섰으나 외환위기로 인해 급전직하 했다.** 현재 파주, 용인 등 수도권 외곽 부동산 가격은 2000년 가격과 비교해서 충분히 조정됐다. 그러나 1995년 가격으로 보면 여전히 높다. 서울 일부 지역은 매수 가능한 가격에 와 있다.

도시화의 확산, 인플레로 인한 화폐가치의 하락, 수도권 지가 급등 등을 감안한다면 수도권 외곽 집값도 빠질 만큼 빠졌다고 보는 이들이 있다. 하지만 실질적인 소득 감소, 금융위기의 잠복, 수도권으로의 인구 유입이 그치면 다시 부동산시장은 불안해 질 수 있다. 이 점을 고려할 때 수도권 외곽의 경우 집값 하락보다는 토지 가격이 하락 내지 조정이 필요하다.

절대 상승하지 못할 것으로 보였던 지방 부동산이 서서히 상승하고 있다. 대전 대구 등에서 전용면적 60제곱미터(25평형) 아파트는 3

~4천만 원이면 전세를 얻을 수 있지만 일부 급등 지역은 투기자본이 개입되고 있다. 주택시장 상황과 주택가격 변동은 국민경제 상황과 직결돼 있다. 미국의 경우, 노동자의 주택 산업 관련 고용비율은 전체 고용의 15~18%에 이른다[미국 통계국].

한국에서도 아파트 설계에서 완공까지 대략 1만 여개의 품목이 필요한 건설업이다. 따라서 각국은 주택 경기 동향에 촉각을 곤두세운다. 그러나 한국의 주택 산업 고용 비율은 미국 등에 비해 작다. 아파트를 비롯한 집합 건물 건축은 대폭 기계화됐기 때문이다. 미국 등 선진국의 주택 산업은 1950년대 이후 현대식으로 규격화 됐지만 콘도(아파트) 등의 집합 건물보다는 단독주택 건설 비중이 크다. 따라서 선진국은 한국에 비해 건설사업 고용 비율이 높다. 국내 건설업계는 건설 경기 부진으로 인해 어려움이 많다고 호소한다. 그러나 그들은 지난 수십 년간 경기를 선도해온 덕분으로 이미 상당한 이익을 봐왔다. 앞으로 아파트 시장의 흐름은 공급 조절에 나서며 버티는 건설사와 충분한 가격 조정을 기다리는 소비자의 줄다리기에 달려 있다[인터넷, 한상분, 2010.7.27]

공개하는 부동산 가격과 실제 매도호가에는 차이가 크다. 부동산 소유자는 2006~7년의 고점 가격만을 바라본다. 신규 매수자나 교체 희망자들은 현재 가격보다 훨씬 낮은 가격을 기다린다. 지금은 매도가와 매수가가 매치되지 않는 전형적인 약세장 분위기이다. 이 같은 현상은 금융위기로 인한 불안심리, 구매심리 위축, 가격 하락 기대심리, 거품 붕괴의 기다림 등에 기인한다.

금융위기는 10년 내외에 한 번 꼴로 발생하고 있다. 최근 글로벌 금융위기 발발 직후 3~4년간 버블의 붕괴(자산 폭락)가 진행됐고 회복기에는 자산 가격이 재상승 했다. 이는 부동산, 주식 등 자산 전반에 걸쳐 일어났다. 1997년 한국을 포함한 아시아 외환위기, 1990년을 전후한 북유럽의 금융위기, 1970~80년대 미국의 금융위기 때도 이런 현상은 반복했다. 이런 변화는 시장경제의 속성이다.

15. 부동산 관련 규제가 중첩되고 많다.

한국의 전체 세제구조는 복잡하고 다양하며 복합적이고 중복적인 것이 많다. 한국의 세율도 국제 비교적으로 볼 때 민간인의 대외 경쟁력을 짓누르는 수준이다. 조세 관련 규제 역시 자유로운 시장경제를 가로막을 만큼 촘촘히 쌓여 있다. 주요 국가별 세제 · 금융 관련 제도를 비교에서 우리나라의 부동산분야 규제는 최고 수준이다[한국주택협회 및 OECD 보고서].

민간업체들이 공급하는 **주택에 분양가상한제와 분양가내역 공시, 전매제한 등의 규제를 시행하는 국가는 우리나라가 유일했다. 거래세와 관련, OECD 주요 국가 대부분이 취득세가 없고 등록세(또는 인지세, stamp duty)만 부과하지만 우리나라는 취 · 등록세와 농특세 및 지방교육세 등 다양하게 부과하고 있다.** 보유세의 경우 OECD 주요 국가 대부분은 개인별로 산정하고 부채를 제외한 금액이나 증가한 자산분에만 세금을 부과하는 등 우리나라와 같은 종부세가 없다.

이 같은 종부세와 재산세를 합칠 경우 우리나라는 독일과 함께 최고 세율(3.5%)을 부과하고 있다. **전체 조세에서 재산세가 차지하는 비율도 우리나라는 11.9%로, OECD국가 평균(5.6%)의 배를 넘어선다. GDP(국내총생산) 대비 재산세 비중은 3%로, OECD 30개 국가 가운데 6위다. OECD 평균은 1.9%. 양도소득세 역시 우리나라는 1가구 2주택 자 이상에 대해 50% 이상을 부과하는 등 최대 70%까지 중과세율을 적용하고 있어 OECD 주요국가에 비해 지나치게 높았다.**

OECD 주요국은 통상 **LTV(주택담보대출비율)**를 특별히 규제하지 않고 80% 수준 이상을 유지하는데 비해, 우리나라는 40~60%수준으로 강도가 상대적으로 높다. 협회와 OECD는 세제를 통한 주택가격 통제, 민간의 주택공급관련 규제, 분양가상한제 등과 같은 규제는 단계적 폐지 또는 전면 폐지를 권고한다.

16. 박근혜 정부의 주택시장 정책 기조와 과제는?

최근 몇 년 동안 한국 부동산 경기는 ▲다주택자 규제 ▲분양가 상한제 등 공급자에 대한 규제 ▲DTI · LTV 등 금융규제 ▲고성장기 투기적 행태를 통제하기 위한 제도적 틀을 유지한 것이 주택시장의 장기 침체를 유발한 원인이었지만 더 중요한 요인은 국내외 경기의 장기 침체가 결정 타였다고 본다. 이제 박근혜 정부(2013~2017년)는 과거 부동산시장 과열기에 도입된 과도한 규제를 하루 빨리 정상화하고 실수요자와 건전한 투자수요를 육성해 주택시장의 기능을 복원하려고 한 것 같다.

정부는 과거 집은 신밍의 대상이었지만 주택보급률 재고, 인구구조 변화 등으로 예전과 같은 주택가격 급등의 우려가 사라졌다고 단정하고 있다. 주택정책의 패러다임이 전환돼야 주택시장 정상화와 보편적 주거복지라는 두 마리 토끼를 잡을 수 있다고 진단한 것 같다. 그러면서 여당은 모든 계층의 국민을 동일한 정책 대상으로 전제해 정책을 결정하고 집행한 것이 문제라고 보며 **계층에 맞게 주택거래 활성화 정책과 임대주택 정책** 등을 개발해 집행해야 한다고 주장했다.

주택 매매가격은 2010년 들어 안정세 전환됐지만 최근 하락세를 보여 극심한 침체를 반영한 것이다. 전세가의 강한 상승세가 지속되면서 임차가구의 주거비 부담 증대, 보증금 반환 안정성 저해 등의 문제를 가져왔다. 따라서 단기 시장 안정화와 중장기 변화 대응을 위한 정책 틀의 변화가 요구된다. 또한 **주택담보인정비율(LTV)・총부채상환비율(DTI) 등 금융규제 완화**를 포함한 부동산 대책(새 정부의 주택시장 정상화 정책)이 필요하다고 주장하고 있다. 금융규제는 거래 위축으로 이어져 매매가는 하락시키지만 대출을 감소에 직결되는지는 의문이다. 금융규제는 은행 위험관리에 한정된 정책이며 오히려 가계대출을 증가시킬 수 있다. 저금리 기조에선 금융규제의 대출 억제 효과도 미비하다.

주택시장의 침체 해소는 거래의 활성화이다. 거래활성화를 통한 자산 가치 유지와 하우스 푸어의 자산 처분 혹은 주거소비의 조절을 통한 부채를 해소할 수 있다. 성장기 무주택자 중심의 주택공급제도 개선과 장래 질적인 주택수요 변화를 고려한 공급 방향이 필요하다. 장기적인 성장 둔화를 수용하는 주거복지 정책과 민간임대주택 공급을 활성화하는 주택정책의 종합적인 틀이 필요하다. 분양가 상한제도 폐지해야 한다. 2005~2007년 분양가 상한제 확대 기간에도 지속적으로 아파트 가격이 상승했다. 이 같은 가격 규제는 장기적으로 주택 질 저하와 양적이 공급 위축시키고 임대료와 가격 앙등을 유발하는 부작용을 발생시킨다. 하우스 푸어 문제 또한 주택 거래 활성화를 통해 해결해야 한다. 거래 활성화를 통해 소유주택의 매각과 주거소비 조절을 통해 부채 구조조정을 유도해야 한다[아시아경제 이민찬 기자, 2013.3.28.]. 그러나 부동산 정책이 상황논리에 따라 임기응변적으로 동원되면 다시 부동산 투기 붐을 일으키지 않는다는 보장이 없다. 한국 부동산 시장이 장기 침체로 빠진 것은 국내외 경기침체가 크게 가세한 요인도 있다는 점에 유의해야 한다. 만약에 경기가 침체 국면이 아니었다면 오늘의 극심한 부동산침체는 없었을지도 모른다.

박근혜 정부의 2013. 4.1 주택시장 종합대책 이후 전국 아파트 매매가격이 3주 연속 상승세를 이어가고 있다. 2013년 4월 8일 기준 전국 주간 아파트 가격동향을 조사한 결과 매매가격은 전주대비 0.10% 상승했으며, 전세가격은 0.18% 뛰었다. 매매가격은 4.1대책 발표 후 집주인들이 매물을 거둬들이면서 호가를 높인 데 따른 것이다. 특히 서울 강북권과 경기 지역이 48주 만에 상승세로 돌아서 눈길을 끌었다. 지방에서는 혁신도시 인근 중소형 아파트의 오름세가 컸다. 지역별로 경북(0.32%), 대구(0.27%), 세종(0.25%), 서울(0.16%), 광주(0.15%), 충남(0.13%) 등이 상승한 반면, 전남(-0.04%)는 하락했다. 조사 대상 지역 177개 시군구 중 지난주에 비해 상승하거나(106→111개) 및 보합세(18→29개)를 보인 지역은 늘어났으며, 하락한(53

→37개) 지역은 줄었다. 규모별로는 60㎡이하(0.16%), 60㎡초과~85㎡이하(0.10%), 135㎡초과(0.02%) 아파트는 상승한 반면, 102㎡초과~135㎡이하(-0.03%) 아파트는 하락했다. 한편, 전세가격은 혁신도시 기반시설 조성공사가 마무리 단계에 이르는 등 공공기관 지방이전이 본격화됨에 따라 인근지역을 중심으로 상승세다. 제주를 제외한 전 지역에서 올랐다. 지역별로는 대구(0.54%), 세종(0.31%), 경기(0.27%), 대전(0.24%), 경북(0.22%), 충남(0.21%) 등이 강세를 보였다. 특히 충남 계룡시는 군 관사 신축으로 인한 이주수요 증가로 오름폭이 확대되며 8주 연속 상승세를 이어갔다. 규모별로 60㎡초과~85㎡이하(0.20%), 135㎡초과(0.18%), 60㎡이하(0.17%), 102㎡초과~135㎡이하(0.17%), 85㎡초과~102㎡이하(0.10%) 순으로 전셋값이 많이 올랐다 [헤럴드경제=박일한 기자, 2013.4.12. / 한국감정원].

2013년 4·1부동산대책의 양도세 한시 면제 혜택이 주택은 물론 올해 말까지 입주하는 신축·미분양 주거용 오피스텔로 확대된다. 기존 오피스텔을 1채 보유하고 주거용으로 사용한 경우 이 오피스텔을 구입한 사람에게도 양도세 면제 혜택이 주어질 전망이다. 이 같은 내용의 조세특례제한법 시행령 개정안을 7일 열리는 국무회의에 상정, 의결한다. 1일 입법예고한 시행령 개정안에서 신축·미분양 주택은 물론 오피스텔도 올해 말까지 구입하는 경우 5년간 양도세 면제 혜택을 부여한다. 오피스텔의 양도세 면제 대상은 주택과 마찬가지로 전용면적 85㎡ 이하 또는 6억 원 이하이며 이 오피스텔에 거주하는 사람이 주민등록을 해 주택으로 사용하거나 오피스텔을 분양받은 사람이 주택임대사업자로 등록해 주거용으로 사용(임대)하는 경우에 한한다. 이번 조치로 전국의 주거용 오피스텔 신규 분양과 미분양 소진에 도움이 될 것으로 기대한다. 오피스텔 매도자는 매도시점에 주민등록 등을 통해 해당 오피스텔을 주택으로 사용해야 하며 오피스텔 외에 다른 보유 주택은 없어야 한다. 오피스텔의 매수자도 양도세 과세시점까지 반드시 주택으로 사용해야 양도세 면제 혜택을 받을 수 있다. 오피스텔 및 주택 보유 여부는 국토부가 주택거래전산망과 건축행정시스템을 통해 확인한다[세종 = 연합뉴스, 서미숙 기자, 2013.5.3. / 기획재정부 / 국토교통부].

17. 2013년 부동산시장 흐름

박근혜 대통령 당선인은 2013년 2월 25일 18대 대통령에 취임하지만 취임 이후 부동산시장 흐름이 관심거리다. 부동산 시장에서는 새 정부의 취득세 감면 재추진과 부동산 거래 활성화 정책에 대한 기대감이 크다. 역대 정부 출범 초기(1분기) 아파트 값 흐름을 보면 15대 김대중 정부, 16대 노무현 정부, 17대 이명박 정부 등이 출범한 해 1분기 전국 아파트 값이 일제히 상승했다. 상승률은 15대 4.7%, 16대 1.48%, 17대 0.99% 등이다. 김대중 정부 때는 외환위기 이후 주거환경 악화에서 벗어나기 위해 주택시장 정상화 정책을 추진해 아파트 값이 올랐다.

노무현 정부는 집값을 잡기 위한 강한 규제책을 폈지만 집권 초기 집값은 오히려 상승세를 이어갔다. 규제 완화 정책을 추진한 이명박 정부 출범 초기 역시 오름세였다. 그러나 각 정부가 출범한 해 1년 동안 아파트 값은 다른 흐름을 나타냈다. 규제 완화 정책을 폈던 15

대(1998년)와 17대(2008년) 정부의 출범 연도 아파트 값은 각각 4%, 1.46% 하락했다. 반면 규제 강화에 나선 16대 정부가 출범한 2003년에는 13.36% 상승했다. 작년에는 수도권 아파트 값이 3년 연속 하락세를 이어가 전국 아파트 값이 3.27% 하락했다. 부동산시장은 18대 정부 초기 부동산 정책은 규제 완화에 맞춰질 것으로 예상한다. 다만 세계 경제 부진과 국내 가계부채 문제로 주택경기가 완연한 회복세로 돌아서기는 힘겨울 것으로 예측한다[서울 = 연합뉴스 윤선희 기자, 2013. 1.22.].

새 정부 출범 전후 아파트 값 추이(단위 : %)								
	1997	1998	2002	2003	2007	2008	2012	2013
1분기	-1.90	4.7	9.57	1.48	1.21	0.99	-0.38	?
연간	2.7	-4	22.87	13.36	2.21	-1.46	-3.27	?

[자료 : 부동산114 · KB국민은행; 각 정부 출범 직년 연도와 해당 연도 추이]

새 정부가 시장친화적인 부동산 정책을 내놓기로 하면서 부동산시장에서 주택 매매 심리 호전에 대한 기대감이 커지고 있다. 부동산시장은 다주택자 양도세 중과 · 분양가상한제 폐지, 취득세 감면 연장 등 시장 활성화 정책들이 시행되면 부동산시장이 침체에서 벗어날 수 있을 것으로 기대한다. 부동산시장 심리가 호전됐을 때 '주목할 만한 부동산 톱5'를 소개한다[서울 = 연합뉴스 윤선희 기자, 2013.1.17. / 부동산 리서치 전문업체 리얼투데이].

첫 번째는 충청권이다. 박근혜 대통령 당선인은 충북내륙선 등 충북내륙 교통인프라 확대, 청주국제공항 활성화, 청주·청원통합도시 지원, 내포신도시 지원 등의 공약을 내놨다. 주목할 곳은 충주기업도시. 중부내륙고속도로와 차로 3분 거리에 있어 수도권을 1시간대에 진입할 수 있으며 청주~증평~음성~충주~제천을 거쳐 원주에 이르는 충청내륙고속화도로가 5년 내 개통을 목표로 설계 중이다. 올해 8월 열리는 충주 세계조정선수권대회도 지역 경제활성화에 도움이 될 전망이다. 청주시·청원군도 통합이 확정(통합명칭 청주시)돼 주목을 받을 것으로 전망되고 있다.

두 번째는 올해 분양시장 이슈가 될 위례신도시가 꼽혔다. 위례신도시는 수도권에서 유일한 강남권 신도시로 각종 인프라가 들어서는 대규모 택지지구이면서 마지막 남은 '반값 아파트'여서 청약경쟁률도 치열한 전망이다. 올해 위례신도시에서는 5개사업장에서 총 3천390가구가 공급된다.

세 번째는 동탄2신도시이다. 수도권 최대 자족도시로 이목을 끌고 있는 동탄2신도시는 작년에 최악의 주택경기 침체에도 1·2차 동시 분양을 성공적으로 마감했다. 대우건설 등 7개 건설사(6천27가구)가 동탄2신도시 3차 동시분양에 돌입한다. 건설사들이 다음 달 말 견본주택 문을 열고 입주자 모집 경쟁에 들어간다. 네 번째로 정부부처 이전 수혜지인 세종시가 주목할 곳이다. 올해 세종시 아파트 분양물량은 1만8천여 가구로 상반기에만 9천100여 가구가 공급된다.

마지막으로 강남 재건축 매물의 경매 낙찰을 눈여겨 볼만하다. 강남 재건축시장은 학군과 주변 환경, 교통 등 인프라가 잘 갖춰져 있어 대기 수요가 많기 때문에 시장 회복으로 재건축사업이 원활히 진행되면 가격도 빠르게 회복될 것으로 전망한다. 경매를 활용하면 급매물보다 싸게 매입이 가능하다. 15일 기준 평균 7억4천만 원인 대치 은마 전용 76㎡ 아파트가 최근 경매시장에서 6억6천700만원에 낙찰됐다. 이 아파트는 2007년 3월 최고 11억5천만 원에 거래됐었다. 개포동 개포주공2단지 전용 73㎡는 2008년 6월 최고가 16억9천만 원보다 40.2% 떨어진 10억 원 선에 거래되고 있다. 올 상반기 부동산시장에선 취득세 감면 연장 전 거래공백으로 가격이 바닥지기를 할 것이며 늦어도 6월에 새 정부 부동산 부양대책이 나올 전망이어서 하반기에는 부동산 시장이 회복기에 진입할 가능성이 크다고 본다.

다음, 새로운 부동산 투자처로 일명 가젤지역을 눈여겨보지 않을 수 없다. **가젤지역은 지속적으로 고성장하는 기업(중소기업)이 많은 지역으로 고용창출이 활발한 곳을 의미한다**. 2004년 말부터 2009년 말까지(5년간) 우리나라의 232개 기초 지자체를 대상으로 창업 및 고용창출이 활발한 지역을 조사한 결과에 의하면 서울 금천구와 인천 연수구, 충북 청원군 등이 상위 10%(22개 지역)인 가젤지역으로 꼽혔다. 이들 지역은 높은 경제성장률은 물론 사업체 증가로 인한 배후수요가 풍부해 부동산 투자에서도 인기를 끌고 있는 곳이다[산업연구원 가젤지역 조사 연구 결과]. 실제로 가젤지역은 조사기간(5년)동안 사업체 수의 증가율이 전국 평균치(0.6%)보다 평균 4.6%이상 상회하는 높은 발전율을 기록했다. 또 전국에서 200만여 명의 종사자가 증가했는데 이중 가젤지역에서 약 65만 명(32.5%)을 차지했다.

가젤지역은 대부분 산업단지가 들어서 있는 곳들로 배후수요가 풍부하고, 이를 기반으로 지역의 경제와 인구가 눈에 띄게 성장하고 있다. 현재도 꾸준히 기업유치와 개발 사업들이 진행되고 있는 곳들이 많아 주거단지들도 안정적이며 향후 시세상승 여력도 크다. 가장 눈여겨볼 만한 곳은 서울에서 유일하게 가젤지역으로 선정된 금천구다. 금천구는 서울디지털산업단지와 LG전자 연구소, 시흥유통산업단지 등 탄탄한 산업기반과 배후수요를 바탕으로 투자자들의 관심을 끌고 있다.

18. 한국의 부동산 시세

한국 부동산 시세 및 경기를 대표하는 서울 강남. 목동. 송파 등 이른바 '버블세븐'(강남 · 서초 · 송파 · 목동 · 분당 · 용인 · 평촌) 지역 아파트의 거품붕괴가 가속화되고 있다. 이들 지역의 3.3㎡당 매매가는 2013년 5월 들어 2006년 지정 당시보다 더 하락했다. **현재 버블세븐 지역 아파트의 3.3㎡당 매매가는 1824만원으로, 지정 당시인 2006년 5월 1908만원보다 3.3㎡당 84만원 하락했다.** 이는 글로벌 금융위기 이후 불황이 계속되면서 중대형 · 고가 아파트값이 크게 하락해 전체적인 평균금액을 떨어뜨렸기 때문이다. **버블세븐 지역 중 분당신도시가 가장 큰 폭으로 하락했다. 분당신도시는 지정 당시 3.3㎡당 1663만원이었으나 현재는 1474만원으로 3.3㎡당 189만원 떨어졌다.** 분당의 경우 아파트 노후화, 리모델링 사업 부진, 판교 · 광교 입주 등이 가격 하락에 복합적인 영향을 미친 것으로 본다. 목동은 3.3㎡당 2217만원에서 2057만원으로 3.3㎡당 160만원 하락했다. 목동도 분당과 마찬가지로 아파트 노후화가 상당 부분 진행됐지만 재건축 시기는 아직 도래하지 않아 가격 약세를 보였다.

송파구는 3.3㎡당 2347만원에서 2251만원으로 3.3㎡당 96만원 하락했다. 경기 침체 영향으로 중대형 인기가 식으면서 중대형 비중이 높은 아파트들이 하락세를 주도했다.

강남구는 3.3㎡당 3060만원에서 2973만원으로 3.3㎡당 87만원 하락했다. 재건축 단지들이 많은 개포동, 대치동 등의 하락폭이 크게 나타난 것이 특징이다. 용인시는 3.3㎡당 985만원에서 963만원으로 3.3㎡당 22만원 하락했다. 기흥구, 처인구에 위치한 중소형 아파트들은 가격이 올랐지만 중대형이 많은 수지구 아파트값이 많이 떨어졌다. 반면 서초구와 평촌신도시는 지정 당시보다 아파트 3.3㎡당 매매가가 올랐다. 서초구는 3.3㎡당 2444만원에서 2677만원으로 3.3㎡당 233만원 상승했다. 서초동을 제외한 모든 동에서 가격이 올랐으며 래미안퍼스티지, 반포자이 등의 입주 영향으로 반포동 상승폭이 가장 컸다. 평촌신도시는 3.3㎡당 1127만원에서 1200만원으로 3.3㎡당 73만원 상승했다. 불황으로 전용면적 60㎡ 미만 소형 아파트가 크게 인기를 얻으면서 평균을 끌어올린 것이 매매가 상승 원인이다. 버블세븐은 상징성으로 인해 여전히 많은 관심을 받는 곳이지만 지역별 여건이 달라 가격 움직임은 다르게 나타나고 있다. 버블세븐은 다른 지역에 비해 고가 아파트가 밀집돼 있기 때문에 앞으로도 부동산경기에 큰 영향을 받을 것으로 전망한다[파이낸셜뉴스, 이정은 기자, 2013.5.24.].

부동산 침체가 계속되고 있는 가운데 2013년 분양시장은 긴 동면을 끝내고 서서히 살아날 것이란 전망이 나오고 있다. 오는 2월 들어서는 박근혜 정부의 부동산 정책 방향성이 '거래 활성화'에 방점이 찍혀 있다는 분석이 우세하기 때문이다. 보금자리주택 정책이 폐기되고 차기 정부가 추진할 예정인 △분양가 상한제 폐지 △다주택자 양도세 중과 폐지 △총부채상환비율(DTI) 규제 폐지 등이 이뤄진다면 분양시장도 활기를 띨 가능성이 적지 않다. 올해 대형건설사(72개 회원사)들은 121개 사업장에서 12만2329가구를 쏟아낼 예정이다. 지난해보다 물량이 감소한 수준이지만 세종 · 동탄 · 위례 등 신도시를 비롯해, 알짜 재건축 물량이 나온다[한국주택협회 조사/이투데이, 김성배 기자, 2013.1.24].

새 정부 출범과 함께 최근 서울과 수도권을 중심으로 부동산 시장 바닥론이 조심스럽게 제기되고 있다. 주택 가격이 이미 바닥을 쳤거나 조만간 하락을 멈춘다고 보는 것이다. 박근혜 정부가 취득세 감면 연장, 분양가 상한가 폐지 등 정책을 내놓으면 주택 가격 반등할 것이란 기대다. 하지만 **전문가들의 전망은 여전히 비관적인 편이다. 금융권, 건실업계, 학계 전문기들은 2013년 안에 부동산 시장이 반등에 성공할 지에 대해 회의적이다.** 부동산 시장이 저점을 다지고 있지만 아직은 반등 모멘텀이 불확실하고 오히려 부동산 가격이 추가 하락할 수 있다고 전망한다. 2012년까지 상대적으로 강세를 보였던 지방 분양시장도 포화상태에 도달해 올해는 약세로 돌아설 가능성이 높다.

부동산 관련 건설주와 금융주의 올해 전망도 부정적인 의견이 지배적이다[서울 = 연합뉴스, 황철환 배영경 오예진, 2013.1.24.].

(1) 메리츠종금증권

올해 부동산 추세 상승의 핵심 결정 요소는 정책이다. 새 정부 부동산 정책의 핵심 포인트는 분양가 상한가 폐지, 취득세 감면 연장, 전월세 상한제도, 행복주택 20만호 짓기의 네 가지다. 이는 거래를 활성화하되 투기자금을 끌어 오는 것은 원치 않는다는 정부의 의지가 반영된 것이다. 지금은 부동산이 침체기를 지나 회복기에 접어들고 있다. 완전한 회복을 위해서는 거래 활성화가 필요하다.

(2) 하이투자증권

새 정부 출범을 앞두고 부동산 시장이 저점을 다지고 있다. 차기 정부가 부동산 시장 부양의지가 있는 만큼 전체적으로 턴어라운드 시점으로 판단한다. 취득세 감면, 양도세 감면 등 정책이 시행되면 전세가격이 워낙 높은 상태인 만큼 전세자들이 집을 사려 할 것이다. 반등은 서울 중에서도 강남, 특히 잠실, 둔촌, 개포 등 재건축 대상 지역부터 시작될 것으로 보인다. 서울 외의 다른 지역은 투자대상으로 삼기는 아직 이르다. 건설업종은 좀 상황이 다르다. 부동산 시장 정상화로 대형사가 중장기적 혜택을 받겠지만, 신용등급 BBB 업체나 일부 A등급 업체는 그동안의 장기침체로 수익성이 많이 악화돼 있고, 상환해야 할 차입금 부담도 큰 상태다. 특히 중소형사들은 자금조달이 쉽지 않아 지금부터 준비하지 않으면 유동성 리스크에 직면할 수 있다.

(3) 삼성증권

연중 보합 유지를 예상한다. 새 정부 정책에 대한 기대감이 있지만 파격적 대책 없이는 부동산 시장이 급격히 살아날 가능성이 높지 않다. 수요 계층의 경제적 사정이 안 좋기 때문이다. 또 1인 가구 증가로 30~50평형 수요가 줄어든 까닭에 구조적으로 집값이 뛸 여건이 안 된다. 지방 주택시장의 경우 상대적으로 최근 몇 년간 분양물량이 많았고, 지방분권화 움직임도 도움이 됐지만 지난해부터 수그러들고 있다. 올해는 광역시도 상승세보다 보합으로 갈 것이다.

(4) 부동산114 리서치센터

수도권은 지난해 말 취득세 감면이 종료된 이후 거래가 거의 중단된 상태다. **2008년 금융위기 수준까지 집값이 떨어진 상태이지만 지난해 말 이후 추가 하락폭이 없는 만큼 거래활성화 정책이 나오면 거래가 살아날 것으로 기대한다.** 다만 새 정부가 정책을 만들고 구체적으로 실행하기까지 걸리는 시간을 감안하면 하반기에나 부동산 시장이 살아날 것이다. 아울러 대내외적 경제 불확실성도 해소돼야 집값이 오를 것이다. 반등은 가격 하락폭이 가장 컸던 강남 재건축 지역을 중심으로 시작될 것으로 보인다. 시장이 활성화돼 새 아파트 분양 수요가 늘면 건설사 업황에도 당연히 긍정적으로 작용할 것으로 본다.

(5) 한국개발연구원(KDI)

장기적 추이에서 볼 때 앞으로도 가격이 오르기는 힘들다. 또 주택 가격의 지역적 특성을 고려할 때 세종시나 강남 등을 제외한 일반적 상황에서는 가격 회복이 지지부진할 것이다. 새 정부 정책 중에는 취득세 감면 연장이 제일 중요한데, 생애 첫 주택 구입과 주택 이동 수요가 많기 때문이다. **전국 주택가격은 최근 10년 기준으로 봤을 때 급격한 하락은 아니다. 오히려 작년 기준으로는 지방이 워낙 올라서 오히려 상승세였다.** 하지만 올해 들어서는 하락세로 돌아섰다. 세종시와 동탄을 제외한 지방 주택시장은 작년 초까지 좋다가 중반 이후 꺾였다. 수도권은 작년이나 올해나 안 좋다.

(6) 미래에셋증권

새 정부가 대책을 내놓았으니 오를 것이라고 봐서는 안 된다. 2008년 이후 규제완화가 계속됐지만 시장은 안 좋아졌다. 오히려 규제완화 이후에도 조정이 계속될 경우 실망감으로 인한 부작용이 있을 수 있다. 결국 거래관련 규제 정도만 완화돼 거래는 늘겠지만 실거래가는 떨어질 것이다. **앞으로 전반적인 조정 국면이 계속 될 것이다.** 올해 분양시장은 안 좋을 것이다. 작년에는 그나마 지방 분양시장과 오피스텔 등의 마켓이 있었지만 올해는 모두 포화상태다. 상반기가 위험하고 하반기 들어서도 건설업종의 반전은 힘들다. 서울 지역 부동산의 경우 올해 10% 정도 가격이 더 빠질 수 있다. **앞으로 추세적인 상승은 힘들다고 본다.**

(7) KDB대우증권

새 정부가 강력한 부동산 정책을 시행할 것이다. 나올 수 있는 정책은 거의 다 나올 것이다. 선거도 없는 만큼 눈치 볼 것 없다는 분위기가 있다. 다만 가격은 상반기 중에는 내리다가 하반기부터는 거래량이 늘면서 횡보할 것으로 보인다. **중장기적 전망은 좀 더 지켜봐야 방향성을 잡을 수 있겠다.** 부동산 시장의 성장의 핵심은 경제성장이다. 경제성장을 통해 돈을 번 사람들이 그중 일부를 부동산에 투자하는 것이다.

(8) 이트레이드증권

올해는 부동산 가격 반등이 어려울 것 같다. 새 정부가 새 정책을 내놓을 것이라는 기대가 있지만 작년 수준 정책이라면 부동산 가격이 급격하게 변하지는 않을 것이다. 부동산 시장이 특별히 더 어려워진다기보다 작년 정도 기조가 유지될 것 같다. 올해 상반기 건설사 실적 턴어라운드는 어려운 상황이다. **국내부문은 펀더멘털상 성장 모멘텀이 없고 해외부문의 경우 과거 저가에 수주했던 물량 공급이 돌아온 상황이다.** 국내 주택 시장의 경우 2년 전까지만 해도 지방 부동산 시장은 사정이 좋았지만 지금은 지방과 수도권 모두 지지부진한 흐름을 보이고 있다.

(9) 삼성경제연구소

올해 상반기에 주택 가격이 저점을 다질 것인지 여부를 판단하기가 어렵다. **바닥에 근접했다는 징후가 나타나야 하는데 더 내려가거나 침체될 가능성도 있다.** 유로존 재정위기 등 대외 변수나 우리나라 실물경기, 가계부채 문제 회복에 대한 확신이 없는 상황에서 바닥론을 말하기는 섣부르다. **부동산 시장이 단기적으로는 희망이 없기 때문에 건설사도 어려울 것이다. 중소형사는 더욱 어려워지겠다.**

(10) 건설산업연구원

아직 하락세를 뚫고 반등할 수 있는 모멘텀이 불확실하다. **시장의 실망감과 피로감이 너무 오래 지속됐다. 새 정부 정책에 대한 기대감이 있기는 하지만 주택시장의 반등세를 이끌기에는 부족하다.** 부동산 경기를 활성화하기 위해서는 취득세와 양도소득세 감면, 분양가 상한제 폐지 같은 정책들을 통해 거래 활성화를 유도하는 것이 가장 중요하다. 동시에 부동산 정책에 대한 여러 가지 규제를 완화해 투자 심리에 활력을 불어넣어 줘야 한다. 건설업황 회복도 결국 시장의 투자 심리 회복에 달려있는데 현재로서는 전망이 밝지 않다. 유동성이 많이 떨어져서 필요한 자금을 확보할 수 있는 수단이 없다. **세계 경제가 회복되더라도 국내에 긍정적 영향이 미치기까지는 시간이 걸린다.**

(11) 국민은행

올해 부동산 시장은 수도권이 약보합세, 지방이 강보합세를 보일 것으로 예상한다. 또 중소형보다는 공급이 많은 중대형 주택이 상대적으로 약세를 띨 것이다. 실물경기가 여전히 위축한 탓에 올해 부동산 시장의 전망은 부정적이다. 그나마 투자 전망이 양호한 부문은 오피스텔, 상가와 주택임대상품 등이다. **신정부 출범에 따른 부동산 시장 정상화 기대감이 있지만 큰 변화가 일어나기는 어려울 것이다.**

19. 주택거래 침체 장기화

주택거래 침체가 장기화되고 있는 가운데 취득세 감면 연장 조치가 지연되면서 지난달 주택거래가 전월에 비해 큰 폭으로 감소했다. **서울 주택거래량은 정부가 실거래가 신고 제도를 도입한 2006년 이후 최저치를 기록했다.** 2013년 1월 전국 주택 매매 거래량은 총 2만7천70건으로 전월(10만8천482건)에 비해 75% 감소했다. 이는 실거래가 신고를 시작한 지난 2006년 1월(1만6천150건) 이어 두 번째로 적은 수치이자 주택거래 부진이 극심했던 지난해 1월(2만8천694건)에 비해서도 5.7% 줄어든 것이다. 지난달 주택거래량이 급감한 것은 취득세 감면 혜택이 지난해 말로 종료되고 올해까지 연장하는 국회의 입법처리가 지연되면서 수요자들이 매수시기를 늦춘 것으로 보인다. 지난달 수도권의 주택거래량은 총 8천457건으로 전월(3만8천875건) 대비 78.2%, 전년 동월(9천547건) 대비 11.4% 감소했다.

특히 서울의 주택거래량은 2천451건으로 2006년 실거래가 신고 이후 가장 적었다. 글로벌 금융위기가 닥쳤던 2008년 11월(3천716건)에 비해서도 1천여 건 이상 적다. 강남 3구 역시 총 343건에 그쳐 전월(2천354건) 대비 85.4%, 전년 동월(552건) 대비 37.9%나 줄었다. 지방은 1만8천613건으로 전월(6만9천613건)에 비해 73.3%, 전년 동월(1만9천147건)에 비해 2.8% 감소했다. 주택 유형별로는 아파트가 1만6천968건, 단독·다가구주택이 4천189건으로 전년 동월 대비 7.2%, 9.6% 각각 줄어든 반면 다세대·연립은 5천913건으로 2.3% 증가했다. 규모별로는 수도권은 전용면적 40~60㎡(△18.5%)과 60~85㎡(△16.4%) 등 중소형에서, 지방은 85~135㎡(△22.2%), 135㎡초과(△18.7%) 등 중대형 주택에서 감소폭이 두드러졌다. 실거래가는 대체로 약보합세가 이어졌다.

경기도 안양시 초원마을 대림 전용 59.74㎡는 지난해 12월 2억5천800만~2억6천만 원이었으나 1월에는 2억4천800만원으로 떨어졌다. 서울 강남구 대치동 은마아파트 전용 76.79㎡는 지난해 12월 7억4천만 원에 거래됐으나 올해 1월에는 6억9천만~7억3천만 원에 팔렸다. 그러나 강남권 재건축 아파트에는 정비사업 계획 승인 등 호재를 틈타 일부 저가 매수세가 유입되면서 강세를 보였다. 강남구 개포주공1단지 전용 49.56㎡는 지난해 말 실거래가가 7억3천만 원까지 떨어졌으나 1월에는 7억8천500만원에 팔렸다. 서초구 반포주공1단지 104.89㎡도 지난해 말 14억4천만 원에서 1월 14억8천만 원으로 올랐다[세종

=연합뉴스, 서미숙 기자, 2013.2.17.].

지방 주택시장이 침체 국면에 접어들자 이미 수주한 재개발 사업에서 발을 빼려는 건설업체가 속출했다. 수도권은 경기 침체로 일반분양 성공을 장담하기 어려워 재개발 사업성이 땅에 떨어진지 오래다. 공사비 1조원에 달하는 서울시 강동구 고덕동 고덕주공2단지가 지난해 두 차례에 걸쳐 유찰됐고, 경기 과천시 과천주공2단지도 시공사를 찾는데 실패했다. 최근 들어서는 부산 등 2011~2012년 분양시장 분위기가 한참 달아올랐던 지방의 재개발 사업장에까지 침체의 그림자가 짙게 드리웠다[서울=연합뉴스, 윤선희 이유진 기자, 2013.3.5.].

특히 새 집으로 시세 차익을 보기 어렵다고 판단한 조합원들이 지분만큼 현금을 받고 빠져나가는 '현금청산' 사례가 잇따라 일반분양 가구 수가 늘어나자 건설업체와 남은 조합원의 부담이 더욱 커졌다. GS건설이 2006년 수주한 부산 북구 구포2동 구포7구역재개발 조합은 현재까지 답보 상태에 있다. 이 사업장은 2007년 시행 인가를 받은 직후 글로벌 금융위기가 불거져 사업을 예정대로 진행하지 못했다. 재작년 경기가 회복될 때까지 사업 진행을 미루자고 한 뒤 마냥 기다리고 있다. 시장이 어려워 원래 계획한 일반분양가를 못 받게 됐는데 조합이 그 부담을 떠맡을 수도 없어 뾰족한 수가 없다. 이로서 사실상 무기한 연기된 셈이다. 쌍용건설도 부산 구포5구역재개발 사업을 중단하기로 했다. 이 업체는 조합원들이 조합 해산에 동의하면 조합에 빌려준 105억 원 가운데 교회 이전비와 광역교통시설부담금 64억 원만 돌려받고 41억 원(39%)은 포기하겠다고 한발 양보했다. 조합설립 허가를 받았지만 사업이 제대로 안되어 자금만 묶일 것으로 판단해 중단 결정을 내렸다. 가만히 앉아 이자만 까먹는 것보다 손해를 일부 감수하고 접는 게 낫다. SK건설은 작년 5월 부산 동구 초량동 초량1-2구역조합과 합의해 조합설립 인가를 취소하기로 했다.

20. 2012년 부동산 시장 10대 뉴스

부동산 경기침체로 심리적인 마지노선으로 지지를 받던 강남권 재건축 아파트값이 3.3m²당 3천만원선이 4년 만에 무너졌다. 강남권 재건축 아파트값 3.3m²당 3천만 원선 붕괴 등을 올해 부동산 시장 10대 뉴스로 선정했다. 부동산 관련 10대 뉴스를 정리해 보면 다음과 같다[서울＝연합뉴스, 윤선희 기자, 2012.12.18. / 부동산포털 닥터아파트].

(1) 강남 재건축 3천만 원선 깨져

3.3m²당 강남 재건축 아파트 가격이 3천만 원 밑으로 떨어졌다. 이는 글로벌 금융위기가 발생한 2008년 이후 4년 만이다. 2012년 8월10일 3천만원선이 깨진 이후 19주 연속 지지선을 밑돌아 12월 14일 2천881만원에 도달했다.

(2) 정부부처의 세종시대 개막

세종시로의 정부부처 이전은 2012년 9월 중순 국무총리실 입주를 시작으로 본격화했다. 국토해양부, 농림수산식품부, 기획재정부 등 주요 부처들이 올해 이전을 마무리하고, 내년에 교육과학기술부 등 6개 부처가 둥지를 세종시로 옮길 예정이다. 이처럼 수요가 몰리면서 아파트 공급이 늘고 집값과 전세 값이 올랐다. 아파트 공급량은 총 26개 단지 1만5천463가구로 작년의 1.5배를 웃돈다. 세종시 아파트값은 올해 9월 14일부터 이달 14일까지 평균 1.06% 올랐고, 전세 값은 10.12% 상승했다. 전국 부동산시장이 침체의 늪에 빠졌던 점을 고려하면 대조적이다.

(3) 거래량 급감

세계 경기불황이 장기화하고 가격 상승 기대감이 낮아지면서 올해 아파트 거래량이 급감했다. 올해 1월부터 11월까지 전국 아파트 거래 건수는 42만2천358건으로 작년 동기보다 40% 감소했다. 같은 기간 서울 아파트 거래량은 3만7천206건으로 작년보다 41% 줄어들었다.

(4) 수익형 부동산 전성시대

올해 분양된 수익형 부동산(오피스텔과 도시형생활주택)은 3만8천342실로 조사 시작년도인 2003년 이후 가장 많았다. 이런 현상은 시세 차익 기대감이 사라지면서 월세를 받을 수 있는 수익형 부동산으로 투자자들이 몰렸기 때문이다.

(5) 위기의 건설사

올해도 건설업계는 수난을 면치 못했다. 5월 풍림산업을 시작으로 우림건설, 범양건영, 벽산건설, 삼환기업, 남광토건, 극동건설, 신일건업, 국제건설 등 8개 건설사가 법정관리를 신청했다. 최근에는 대형 건설사들도 분양가 할인에 나서거나 내년에 분양 계획을 세우지 않는 등 건설사 위기는 진행형이다.

(6) 버블세븐 거품 꺼져

아파트값 급등을 주도한 경기 용인·분당·평촌, 서울 강남·서초·송파·양천 등 이른바 버블세븐지역의 아파트값이 올해 급락했다. 올해 버블세븐 아파트값은 6.23% 떨어져 그 낙폭이 수도권 평균(-3.86%)을 크게 웃돌고 있다. 하락률을 지역별로 보면 강남이 7.65%로 가장 컸고 송파구(6.59%), 분당(6.52%), 평촌(6.28%), 서초구(5.68%), 양천구(5.07%), 용인시(4.84%) 등의 순이다. 올해 버블세븐지역 아파트 시가총액은 426조1천억 원으로 작년 동기보다 27조9천억 원 줄어들었다.

(7) 서울 아파트값 바닥 논쟁

올해는 부동산경기 침체가 심화하면서 어느 때보다 아파트값 바닥 논쟁이 뜨거웠다. 올해 4.11총선 이후 강남3구 투기지역 해제와 주택거래신고지역 해제 등 5.10대책 발표에도 시장이 살아나지 않자 바닥 논쟁이 본격 제기되기 시작했다. 수도권 아파트값 변동률은 올해 들어 50주 연속 하락세를 기록했다. 11월 현재 서울 아파트 실질가격은 조사를 시작한 2007년 1월(1천686만원) 이후 가장 낮았다.

(8) 전세가 고공행진

아파트 매매시장이 침체를 이어가면서 전세 값 상승세는 두드러졌다. 8월 3일 조사 이후 20주 연속 상승세를 보였다. 올해 수도권 전세가격은 평균 2.21% 올랐다. 지역별로 서울이 1.72% 상승했고 경기와 인천이 각각 2.58%, 3.53% 뛰었다.

(9) 동탄2신도시 분양 흥행몰이

수도권 아파트시장이 약세를 나타냈지만 동탄2신도시 분양시장은 흥행몰이에 성공했다. 올해 분양한 아파트는 9개 단지, 7천559가구. 평균 청약 경쟁률은 3.71대 1을 기록했다. 기존 동탄신도시 아파트값(3.3m²당 1천100만원)보다 싸고 대기 수요자가 몰리면서 선방했다.

(10) 9.10 대책 – 미분양 판매 총력

취득세와 양도세 감면 등 '9.10 부동산대책' 발표로 미분양 아파트 시상이 할인 분양 등으로 수혜를 봤다

21. 이명박 집권기의 전국 집값 하락

집값 하락에도 불구하고 신규 아파트 분양이 늘어난 탓에 전국 아파트 시가총액은 늘어 사상최대를 기록했다. 지난달 말 현재 매매가 기준 전국 아파트 시가총액은 1천931조1천20억 원으로 나타났다. 이는 2007년 말에 비해 23.2%, 363조5천172억 원 증가한 것이다. 시가총액이 증가한 것은 수도권지역 아파트 가격은 떨어졌지만 지방소재 아파트 가격이 상승한데다 신규 분양 등 공급이 끊이지 않았기 때문이다. **전국 아파트 매매 가격은 MB정부가 들어서기 직전인 2007년 말보다 0.29% 하락했다. 아파트 가격은 서울과 경기, 인천 등 3개 지역에선 하락했지만 지방에선 상승했다.**

지역별 아파트 매매가는 경기가 11.43% 하락해 낙폭이 가장 컸고 서울도 6.70% 떨어졌다. 인천 아파트 가격도 5년 동안 1.17% 하락했다. 반면 전북과 부산지역 아파트 매매 가격이 각각 47.85%, 42.60% 상승해 5년 동안 가장 많이 올랐다. 지역별 매매가 상승률은 경남

39.89%, 전남 33.40%, 제주 27.70%, 대전 26.66% 등 순이었다. 5년 동안 전국에 공급된 아파트 신규 분양 물량은 116만1천162가구로 집계됐다. 연도별 분양 물량은 ▲2008년 23만3천212가구 ▲2009년 22만7천353가구 ▲2010년 17만4천926가구 ▲2011년 26만5천808가구 ▲2012년 25만9천863가구 등이다. 아파트 매매 수요 부진에 시달린 서울과 경기에도 5년 동안 각각 14만5천45가구, 35만1천755가구의 신규 아파트 물량이 쏟아졌다. 수요는 부진한데 공급만 지속된 탓에 아파트 가격 반등은 새 정부 들어서도 기대하기 어려울 것으로 전망한다. 주택시장은 이명박 정부 5년 동안 각종 활성화 정책에도 약세를 면치 못했지만 꾸준한 공급으로 시가총액은 증가했다. 수요는 없는데 공급만 지속돼 가격 반등을 기대하기 어렵다[서울 = 연합뉴스 윤선희 기자, 2012.12.12. / 부동산정보업체 부동산114].

부동산 경기 침체로 매매시장 위축이 지속되며 전국 집값이 5개월 연속 하락했다. 특히 수도권 집값은 약세를 거듭하며 13개월 연속 하락하는 등 장기 침체에 빠졌다. 2012년 11월 전국 집값은 0.1% 하락했다. 지난 7월 이후 5개월 연속 내림세다. 수도권은 서울(-0.3%) · 인천(-0.3%) · 경기(-0.3%) 등 전 지역 집값이 평균 0.3% 내렸다. 특히 경기 용인 수지구는 집값이 0.9% 내려 전국에서 집값 하락이 가장 두드러졌다. 서울에서는 서울 도봉구(-0.7%)가 집값이 가장 많이 하락했다. 인천을 제외한 5개 광역시와 기타지방의 집값은 0.2% 올라 소폭 상승세를 이어갔다. 광역시 중에서는 대구가 0.5% 올라 가장 높은 상승률을 기록했고 기타지방에서는 충남(0.7%)과 경북(0.5%)의 집값 상승률이 높았다. 그러나 지난해 집값 상승을 이끌었던 부산은 0.1% 내려 약세를 보였다. 전국의 전세가격은 0.4% 올라 오름세를 이어갔다. 수도권은 0.3%, 5개 광역시는 0.4% 각각 올랐다. 다만 전월대비 상승폭은 소폭 줄었다. 반면 기타지방 전셋값은 0.5% 오르며 높은 상승세를 이어갔다. 광역시에서는 대구(0.7%)와 대전(0.6%)이 전셋값 상승률이 높았고 기타지방에서는 세종시 영향으로 충남이 1.6%의 높은 상승률을 보였다. 한편 11월 전국의 전세가율(집값 대비 전셋값 비율)은 58.7%로 11개월 연속 상승했다. 5대 광역시 62.2%, 수도권은 54.1%를 기록하는 등 경북을 제외한 모든 지역에서 전세가율이 상승했다[이데일리 김동욱 기자, 2012.12.4. / KB국민은행 전국주택가격동향조사].

(1) 주택건설 인허가 물량 급감(2012년 10월말 기준)

2012년 10월 전국 주택건설 인허가 물량이 크게 줄어들었다. 아파트 분양 물량도 대폭 줄어 전세난으로 인한 전세 값 상승요인으로 작용할 것으로 전망한다. 9월 주택건설 인허가 실적이 전국 3만6908가구로 전년 동월대비 38.5% 급감했다. 지역별로 수도권은 1만6992가구로 전년 동월대비 43.9% 감소했고, 지방도 33% 감소한 1만9916가구로 나타났다. 유형별로는 아파트가 2만2644가구(전체 물량의 61.4%)로 전년 동월대비 45.9% 감소했고, 아파트 외 주택은 1만4264가구로 21.6% 줄었다. 공동주택 분양실적은 전국 2만8730가구로 지난해 같은 기간보다 40.4% 감소했다. 지역별로는 수도권(9625가구)은 전년 동월대비 35.2% 감소했고, 지방(1만9105가구)은 더 큰 폭으로 떨어져 42.7% 감소세를 나타냈다. 주택 준공실적도 전국 3만4107가구로 전년 동월대비 27.8% 감소했다. 지역별로는 전년 동월대비 수도권 18.0% 감소, 지방 43.0% 감소했다[세계일보, 2012.11.25. / 국토해양부].

(2) 서울 아파트 분양실적 최저 기록(2012년)

2012년 11월까지 서울 아파트 분양실적은 지난 10년 이래 최저치를 기록했다. 2003년부터 2012년 2일까지 서울의 아파트(주상복합 포함) 일반분양 물량을 집계 한 결과 올해 실적은 31개 단지, 6천438가구에 그쳤다. 이는 2003년 이후 분양실적이 가장 낮았던 2006년의 6천918가구에도 못 미쳐 2012년 분양실적이 최저치를 기록할 가능성이 높다. 2003년 2만3천177가구에 달했던 서울 일반분양 물량은 3년 연속 감소해 2006년 저점을 찍었으나 이후 상승세로 돌아서 2010년과 2011년에는 각각 1만1천527가구와 1만1천777가구씩 공급됐다. 그러나 아파트값 약세가 이어져 2012년에는 1월과 9월 아예 분양시장이 열리지 않는 등 물량이 급감했다. 11월 현재 서울 아파트값은 연초에 비해 4.28% 떨어져 2011년 하락률(-2.33%)의 2배 가까이 빠졌다 [서울 = 연합뉴스 이유진 기자, 2012.11.13. / 부동산포털 닥터아파트 십계].

(3) 강남과 여의도의 아파트 가격 27 ~ 40% 급락(3년 사이)

한강르네상스 사업 추진으로 '대박 신화'를 꿈꾸던 한강변 아파트 단지들의 가격이 올해 하반기 들어 추풍낙엽이다. 부촌 1번지로 꼽히던 압구정동마저 3.3m²당 4천만 원을 넘는 아파트가 최근 자취를 감추는 등 다른 지역에 비해 거품이 빠른 속도로 꺼지고 있다. 서울 강남구 압구정동 현대7차의 지난주 매매시세는 m²당 1천195만원으로 3.3m²당 가격으로 환산하면 3천944만원으로 4천만 원 대가 무너졌다. 압구정 현대7차의 매매가격은 올해 초까지만 해도 평형별로 3.3m²당 4천300만~5천만 원에 이르렀지만 8월 이후 급격하게 하락하는 추세다. 이 아파트 157m²(이하 전용면적)는 올해 1월 21억6천만 원에 두 건이 매매됐지만 지난 8월에는 19억4천500만원에 팔려 20억 원 선이 붕괴됐다. 압구정동에서 가장 비싼 현대7차의 급락세로 이 지역에서 3.3m²당 4천만 원을 넘는 아파트는 모두 사라지게 됐다. 현대4차는 3.3m²당 3천930만원이다. 2010년 1월 14억 원에 거래되던 현대3차 83m²는 지난 13일 8억7천500만원에 팔려 실제 거래가가 2년 10개월 만에 38% 떨어졌다. 2012년 들어 9억 원대로 내려갔는데 요즘 8억 원대 급매물도 가끔 나오고 있다.

여의도 부동산 시장도 압구정동과 비슷한 흐름을 보이고 있다. 역시 2010년 고점을 찍었던 여의도 주요 아파트의 실거래가는 당시보다 33~38% 하락한 것으로 나타났다. 여의도 삼부아파트 92m²는 2010년 2월 9억8천만 원에서 올해 10월 6억5천만 원으로, 시범아파트 61m²는 2010년 2월 7억5천300만원에서 이달 4억7천만 원으로, 한양아파트 150m²는 2010년 1월 12억3천500만원에서 지난 9월 8억3천만 원으로 각각 떨어졌다. 삼부아파트 70m²는 2년 전 10억 원 근처까지 올라갔지만 얼마 전 6억7천만 원에 거래됐다. 최저 6억5천만 원짜리 매물까지 나온다. 올해 들어 압구정동과 여의도 아파트 중에는 고점 대비 30% 이상 하락한 단지가 많아졌다. 특히 집값 거품이 심한 이른바 버블세븐 지역의 부동산 가격이 대부분 2006년 말~2007년 초 고점을 찍고 6~7년에 걸쳐 서서히 하락한 반면 압구정동과 여의도는 한강변 개발 기대감으로 2010년까지 고점을 유지하다 상대적으로 짧은 기간에 급격하게 떨어져 체감 낙폭이 더 크다[서울=연합뉴스 강건택 기자, 2012.11.25. / 국민은행 ; 가장 비싼 아파트].

(4) 글로벌 금융위기 이후 부동산시장 불황 장기화

지난 2008년 리먼브러더스 사태로 촉발된 글로벌 금융위기 이후 부동산시장이 침체 국면에 돌입했다. 전 세계에서 벌어지고 있는 현상이기에 우리나라도 힘들기는 마찬가지다. 이런 가운데 수도권의 집값 하락폭이 커지면서 일부에서 '바닥론'이 고개를 들기도 한다. 부동산 경기가 회복세를 보이지 못하면서 매수 타이밍으로 잡지 못하면서 주택수요자들이 고민이 늘고 있다. 정부는 총부채상환비율(DTI) 규제 완화와 취득세 감면 연장 등의 대책을 쏟아냈다. 하지만 시장의 반응은 싸늘하기까지 하다. **대외경제 회복 없이는 부동산 경기 활성화 대책이 쓸모없다고 판단하는 분위기다**[이투데이, 2012.8.30. / 국토해양부 / 국민은행]. 특히 수도권 주택시장의 침체가 두드러진다. 지난 7월말 현재 서울의 주택매매가격 종합지수는 98.3으로 금융위기 이전인 2008년 같은 달에 비해 1.1% 줄어들었다. 경기도는 금융위기 이전보다 4.3%

나 감소했다. 지수가 지난 2008년 7월 103.2에서 올 7월 98.8%로 나타났기 때문이다. 인천도 마찬가지다. 지난 2008년 7월 100.3이었던 지수가 올 7월 96.3으로 4.0%나 줄어, 집값 하락세를 기록했다.

미분양 주택수가 증가세인 것도 문제다. 인천은 2008년 7월 미분양 주택수가 1026가구였으나 올 7월에 4212가구로 310.5%나 급증했다. 서울은 올 7월 3146가구를 기록했다. 2008년 7월 1437가구였던 점을 감안하면 118.9%나 증가한 규모다. 경기도는 2008년 7월 2만514가구에서 올 7월 2만2034가구로 7.4%가 늘었다. 주택거래를 살펴보면 2008년 7월 11만6765가구가 거래됐으나 2012년 7월 7만8401가구로 32.9%나 줄었다.

주택경기가 계속 침체되는 현상은 대내외 거시경제의 지속적인 악화에서 비롯됐다. 거시경제의 회복이 불투명한 상황에서 다양한 부양대책이 나왔지만 주택경기의 나 홀로 회복하기가 어렵다. 소득 감소, 대출 부담 증가 등 가계 주택구매력의 악화와 주택 투자성향의 저하로 주택 구매심리가 최저수준이다. 거시경제의 회복과 주택 구매심리의 회복이 선행되어야 앞서 제시된 DTI규제 완화, 취득세 감면 연장 등 다양한 거래지원대책의 효과가 나타날 수 있다[부동산114]. 매수세 위축 탓에 실질 아파트 가격은 2008년의 바닥 수준에 도달했다. **금년 하반기 물가상승 압력이 높은 상태에서 아파트가격이 약세를 기록하면 실질가격은 더 낮아질 것이다.** 실제 올 7월 서울과 강남권의 소비자물가를 반영한 아파트 실질가격은 2008년과 비슷한 수준이다. 올 7월 서울 아파트 명목가격은 3.3㎡에 1717만원이다. 7월 소비자 물가지수 2.5%를 적용하면 실질가격은 3.3㎡에 1674만원이 된다. 2008년 7월 명목가격과 실질가격이 각각 1747만원, 1665만원이다. 오늘 현재 부동산시장은 집값 떨어지는 소리 없는 비명이 들린다. 그리고 팔리지 않는 빈집만 늘고 있다[이투데이, 2012.8.30. / 닥터아파트].

(5) 서울 수도권 아파트 가격의 지속적인 하락(2012년 하반기)

수도권 아파트 매매가격이 2008년 글로벌 금융위기 직전보다 10% 가량 더 떨어졌다. 새 아파트 분양가는 무려 30% 가까이 하락했다. **수도권을 중심으로 한 주택시장 침체가 당분간 계속될 것으로 진단한다.** 지난달 수도권 아파트 가격은 금융위기 직전인 2008년 6월의 86~95% 수준에 그쳤다. 금융위기 직전과 비교한 서울의 7월 아파트값 수준은 지수로 91~95%에 사이에 머물렀다. 하락폭이 가장 큰 지역은 경기도다. 지난달 경기도 아파트 가격은 지수로 2008년 6월의 88~94% 사이로 주저 앉았다. 인천도 4년 전과 비교해 지수로 86~94% 정도로 떨어졌다. 수도권 전 지역이 하강곡선을 그린 반면 지방은 모두 아파트값이 올랐다.

전라북도 아파트 가격이 금융위기 직전 대비 140.6~147.6%로 가장 크게 뛰었고, 가장 적게 오른 대구도 7.3~18.4%의 상승률을 기록했다. 지방 주택시장의 호황으로 지난달 전국의 평균 아파트 가격은 금융위기 직전의 98.5%~113.8% 수준으로 보합 또는 소폭 상승세를 나타냈다. 새 아파트 분양가격도 비슷한 흐름을 보이고 있다. 2008년 6월 대비 지난달 아파트 분양가는 지방의 경우 광역시 100.8%, 기타 지방 94.0%로 큰 변동이 없었지만 수도권은 65.9%에 그쳤다. 수도권의 급락으로 전국 평균 아파트 분양가도 금융위기 직전의 71.3%를 기록했다. 이는 주택경기 침체로 건설사들이 할인 분양 등 적극적인 '박리다매'전략을 칠게 주요 요인으로 보인다[서울=연합뉴스, 강건택 기자, 2012.8.21].

(6) 다세대·연립주택의 자산 가치 급락

다세대·연립주택의 자산가치가 급락하고 있어 가계부채 악화 우려가 커지고 있다. 가계부채 부담을 이기지 못해 다세대·연립주택 경매 매물도 쏟아지고 있다. 다세대·연립주택의 자산가치가 20% 가량 급락으로 서민층의 생활기반이 더욱 취약해지고 있다. 지난해 전국 가구의 주택(실거주 기준) 평균 가격은 1억1천569만원에서 1억1천812만원으로 전년보다 2.1% 올랐다. 이 가운데 아파트의 평균 가격은 1억5천343만원으로 전년의 1억5천445만원보다 102만원(0.66%) 떨어졌다. 주택경기 침체에 따라 소폭 하락했다. 반면에 단독주택은 소폭 올랐다. 그러나 연립·다세대 주택의 자산가치는 크게 하락했다. 전국 연립·다세대 주택의 평균 가격은 2010년 평균 8천196만원에서 2011년 6천798만원으로 17.1%나 급락했다. 특히 수도권의 연립다·세대 주택의 하락폭이 컸다. 수도권의 연립다·세대 거주주택 가격은

2010년 평균 9천435만원에서 2011년 7천572만원으로 19.8% 폭락했다. 올해도 상황은 나아질 기미가 없다. 2012년 상반기 연립주택 매매가격은 전국적으로 0.2% 오르고 아파트는 0.7% 올랐다. 전체 주택의 매매가도 0.6% 상승했다[KB국민은행 조사].

문제는 다세대·연립주택의 자산 가치 폭락이 대출부실로 이어질 수 있는 우려다. 다세대·연립주택 가격이 하락해 저소득층 거주자의 대출상환 여력을 갉아먹고 있기 때문이다. 가장 비싼 보유자산인 집값이 내려가면 이를 팔아도 대출금을 포함한 빚을 갚을 길이 더욱 막연해진다. 지난해 연립·다세대 주택에 사는 가구의 경상소득은 평균 3천273만원이다. 그러나 아파트에 사는 가구의 5천103만원보다 크게 못 미친다. 연립·다세대 주택에 사는 거주민들은 우리나라 전체 가구 평균 소득인 4천12만원에도 못 미치는 '저소득층'이 대다수이다. 그러나 지난해 연립·다세대주택 거주자의 담보대출은 2천919만원으로 거주 연립·다세대주택의 평균 가격 6천798만원의 42.9%에 달한다. 아파트거주자의 평균 담보대출이 아파트 평균가격의 24.9% 수준임을 고려하면 자산 대비 대출 비중이 크게 높다. 빚은 많은데 소득도 충분하지 않고 그나마 남은 집값마저 폭락하고 있는 것이나. 연립·다세대 주택 가격 하락에 따른 부작용도 현실화하고 있다. 부채를 이기지 못해 집이 경매로 넘어가는 사례가 속출하고 있는 것이다. 올해 상반기 수도권 경매시장에 나온 연립·다세대 주택 매물은 8천261건으로 지난해 상반기보다 54.7%나 급증했다. 연립·다세대주택 매각이 성사되는 비율도 2008년 52.4%에서 올해 상반기 32.0%까지 떨어졌다. 매각가도 2008년에는 감정가의 107.8%를 받았으나 올해는 72.7%에 그쳤다. 집을 팔아도 빚을 갚을 가능성이 줄어들고 있는 것이다. 주로 서민층이 거주하는 연립·다세대 주택의 경매 건수가 급증한 것은 취약 계층이 자산가치 하락에 따른 한계 상황에 직면했다는 뜻이다[서울=연합뉴스, 이강원 방현덕 기자, 2012.8.22].

(7) 서울 아파트값 최대 하락(최근 2년 사이 / 2012년 7월 기준)

서울의 아파트값은 2012년 여름 장마철과 대내외 경제 불안이 함께 덮치면서 7월 하락 폭이 최근 2년 동안 가장 크게 나타났다. 7월 아파트 매매가격은 전월보다 서울 0.42%, 신도시 0.18%, 수도권 0.09% 각각 떨어졌다. 서울의 월별 아파트 가격은 2010년 7월 0.43% 떨어진 이후 2년 만에 최대 낙폭을 기록했다. 최근 거품이 빠지고 있는 재건축 아파트가 한 달 만에 0.99% 급락해 내림세를 주도했고, 일반 아파트도 0.34%나 하락했다. 구별로는 강동구(-0.93%), 중구(-0.69%), 송파구(-0.68%), 강남구(-0.67%), 마포구(-0.55%), 서초구(-0.49%), 양천구(-0.47%) 등의 순으로 내림 폭이 컸다.

이들 7개구뿐 아니라 서울 시내 25개구가 전부 마이너스 변동률을 기록했다. 고덕주공 등 시공사 선정이 무산되거나 소송에 발목이 잡혀 재건축 사업이 지연된 대규모 아파트 단지들의 하락세가 두드러졌다. 지난달 강동구 고덕주공과 둔촌주공이 1천만 ~ 4천만 원, 송파구 올림픽훼밀리타운이 1천만~3천500만원, 양천구 목동신시가지 단지가 1천만~3천만 원 각각 떨어졌다. 송파구 잠실파크리오 대형 면적에서는 최대 1억 원까지 떨어지기도 했다. **7월 아파트값이 이처럼 크게 떨어진 것은 계절적으로 장마철 비수기인 데다 유로존 재정위기와 국내 가계부채 악화 문제가 안팎에서 동시에 작용한 것으로 보인다. 기준금리 인하, 양도세 중과 폐지안 국무회의 통과, 총부채상환비율(DTI) 규제 완화 방침 등 부동산 거래활성화 조치들이 잇따라 쏟아졌지만 백약이 무효였다.**

정책이 선제적으로 취해진 것이 아니라 사후 임기응변식 정책 조치가 가격 하락을 오히려 더 부채질 한 것으로 보인다. 앞으로 양도세 중과 폐지와 취득세 감면 연장 방침 등에 따라 매도자의 주택 처분 부담이 줄고 실수요자의 구입 여건이 나아질 것으로 기대하지만 단기적으로는 투자심리를 북돋울 호재가 없어 당분간 소강상태가 이어질 것으로 내다보고 있다[서울 = 연합뉴스, 강건택 기자, 2012.8.20. / 부동산114]. **이처럼 서울의 아파트값이 올 여름 7월 들어 최근 2년 동안 가장 크게 떨어졌다고 하지만 부동산의 평당 절대가격(예컨대 장소에 따라 여는 곳은 평당 2000~3000만 원대)은 구미 선진국 환경에 비하면 터무니없이 여전히 높은 수준이다.**

22. 수도권 새 아파트 매매가격이 분양가격과 비슷하다.

2009년 이후 건립된 수도권 새 아파트 가운데 매매가격이 분양가격과 비슷하거나 이보다 떨어진 '마이너스 프리미엄' 아파트가 절반 이상인 것으로 나타났다. **2009년부터 2012년 8월 현재까지 현재 매매가가 분양가와 비슷하거나 이를 밑도는 아파트는 55%인 12만8천311가구에 이른다.** 분양가보다 매매가가 오른 아파트 역시 중도금, 대출이자, 취득세 등의 비용을 포함해 계산하면 상당수가 마이너스 프리미엄 대열에 합류할 가능성이 높다[서울 = 연합뉴스, 이유진 기자, 2012.8.12. / 부동산114].

입주 후 웃돈이 붙지 않은 아파트는 서울 7천391가구(34%), 경기 9만3천4698가구(56%), 인천 2만7천451가구(64%)다. 지역별로는 인천 서구 1만5천969가구, 경기 용인 1만4천393가구, 경기 파주 1만2천538가구, 경기 김포 1만2천448가구, 경기 고양 1만2천391가구, 경기 남양

주 1만1천251가구, 경기 수원 7천185가구 순으로 많았다. 분양가 대비 현재 매매가는 경기 · 인천이 각 7%, 서울은 8% 떨어졌다. 면적별로는 전용면적 85㎡ 초과 중대형 아파트가 98%, 85㎡ 이하 중소형이 2%를 각각 차지해 중대형의 약세가 두드러졌다. 분양 아파트는 중도금을 2~3년에 걸쳐 납부할 수 있어 초기 자금 부담이 낮고 지역개발 등이 함께 진행돼 입주 프리미엄이 붙는 게 일반적이었지만 최근 상황이 달라졌다. 최근 분양권 전매제한기간이 단축돼 새 아파트 매물이 더 늘어나는 추세여서 소득 수준과 대출이자 등을 고려해 손절매도 검토할 상황이 된 것이다.

신도시분양자의 중도금 상환압박과 입주예정 아파트매매가 폭락; 2기 신도시 분양자들 사이에서 가압류 사태가 속출하였다. 분양자들이 집값이 떨어져 입주를 못하겠다며 건설사를 상대로 줄 소송을 벌이고, 중도금을 빌려준 은행은 중도금을 당장 갚으라며 재산 가압류에 들어간 것이다. 이런 사태의 발단은 부동산 경기 침체가 장기화되면서 부터이다. **입주가 시작된 아파트 단지 매매 가격은 3~4년 전 분양가보다 적게는 5%에서 많게는 40%까지 내렸다. 계약자들은 분양을 포기하거나 분양가 인하를 요구하고 있는 이유는 매매가격이 너무 하락했기 때문이다.** 그러나 회사들은 계약자들의 요구에 응하지 않고 않자 관련 소송으로 이어지면서 미해결이 장기화되고 그런 틈을 타 은행이 중도금을 찾기 위해 가압류에 나서고 있는 것이다. **집값 하락이 본격화한 2008년 이후 2015년까지 경기도 판교 · 동탄 · 김**

포·광교·파주 등 5개 신도시에 들어서는 새 아파트는 모두 12만 2860가구. 이들 중 상당수가 이런 소송에 시달리고 있다. 2008년 들어서만 이들 단지에서 계약 내용과 다르다며 제기된 손해배상 및 분양계약해제 소송이 90여 건에 달한다.

소송이 진행 중이란 이유로 중도금 대출을 연체하는 계약자가 늘자 은행은 분양 계약자에게 일단 중도금을 상환하든지 연체 이자를 내라며 가압류에 나서고 있다. 김포 한강신도시, 일산 덕이 지구, 파주 운정 지구 등 6개 단지에서만 450여 가구가 부동산·은행 통장 등 재산을 가압류 당했다. 일산 덕이 지구 신동아 아파트에선 급여를 가압류당한 가구도 6곳이나 된다. 이런 가압류를 당한 대출자들은 반발하고 있다. 아파트를 담보로 잡아두었으면서도 은행이 무리하게 대출을 회수하려 든다는 것이다. 김포 한강신도시 우미린 아파트를 분양받은 사람도 그중 하나다. 최근 중도금으로 빌린 2억 원을 갚지 못해 충북 청원군의 다른 주택을 가압류 당했다. 그는 아파트 분양가가 4억 원이 넘는데 중도금 2억 원의 담보로 부족하다는 말이냐며 입주 예정자 중엔 은행 통장이 5개 넘게 가압류된 사람도 있다고 말했다. 법을 빙자한 이런 강압은 부동산 침체기 서민의 삶이 통째로 흔들고 있다. **미국처럼 특정 담보를 바탕으로 제공된 대출은 그 담보를 넘어서 채권을 행사할 수 없도록 제도화하지 못한 한국 법률 허점을 잘 드러내고 있다.** 입주 예정자들이 중도금과 잔금을 치르지 않고 버티면 은행들도 건설사에 빌려준 돈을 받지 못하기 때문에 건설사에 빌려준 자금 회수를 위해 계약자 압박용으로 가압류를 진행하는 것이다. **은행은 2년이 넘게 소송이 진행될 경우, 중도금 연체 이자만 수천만 원에 달하기 때문에 이자를 내지 않고 버티면 은행으로선 가압류 외엔 방법이 없다고 말한다.**

지방 아파트시장 침체(2012년 8월) ; 대전 봉명동에서 분양된 298가구 규모의 F주상복합아파트는 청약자가 30명에 불과했다. 세종시가 차로 15분 거리고 중소형으로만 구성됐음에도 실수요자들이 외면했다. 경남 양산신도시에서 공급된 N아파트도 1306가구 모집에 687명이 청약했다. 부산과 지하철로 연결되고 올 초 분양된 아파트 계약률이 70%를 웃돌 정도로 순항하던 지역이었다[한국경제, 2012.8.8.]. 공급과잉이 빚은 결과로 보인다. 드디어 **3년 가까이 지속된 지방시장의 활황세가 한풀 꺾이고 있다. 숨통을 터주던 지방까지 위축되고 있는 것이다. 개발호재와 신규공급 증가로 상대적인 호황을 누리던 지방시장이 수요 위축과 공급과잉으로 시장 활황이 꺼져가는 분위기이다.** 특히 고가의 아파트가 많은 해운대구(-0.4%)와 수영구(-0.3%)는 비교적 큰 폭으로 하락했다. 지난 6월 0.1% 하락한 대전은 지난달 0.3%로 하락폭을 키웠다[국민은행의 주택가격 동향조사]. 없어서 못 판다던 세종시에서도 처음으로 청약 미달 아파트가 나왔다. 최근 공급된 5년 공공임대아파트인 세종시의 경우, 상반기에만 8500여 가구가 쏟아진 결과 물량 부담으로 숨고르기가 필요한 시점으로 진단하며 앞으로 입지 여건과 아파트 브랜드 파워에 따라 분양 성패가 갈릴 것으로 전망했다.

그러나 모든 지방 지역이 동시에 얼어붙고 있는 것은 아니다. **상대적으로 공급이 적었던 지역, 혁신도시 등 개발호재가 있는 지역, 산업단지 배후가 튼튼한 곳 등은 아직까지 순항 중이다. 2008년 글로벌 금융위기 직후 미분양 아파트가 2만 여 가구에 달하던 대구는 장기간 신규 공급이 적었던 덕에 분양이 순조롭게 이뤄지고 있다.** 최근 조합원 계약을 받은 광주 화정동 유니버시아드 선수촌아파트의 경우 조합원 물량 2769가구 중 2684가구가 계약을 마쳐 97%에 달하는 계약률을 달성했다. 우정혁신도시를 중심으로 분양이 잇따르고 있는 울산도 상반기 8개 단지 중 5개 단지가 순위 내 마감에 성공했다. 하지만 **상승시점이 빨랐던 부산과 대전, 세종시 등이 우선적으로 조정 국면에 들어간 것으로 보인다. 지방도 앞으로는 지역별 수급과 경제 상황, 개발 호재에 따라 다른 양상을 보일 것으로 전망한다.**

부동산경기침체와 가계대출 부실화, 금융시스템 불안 ; 지금 한국경제에 부동산 경기가 장기 침체로 이어지고 부동산 가격 폭락으로 부동산담보 가계대출이 부실화하면서 전체 금융 시스템을 와해시키지 않을까하는 우려다. 부동산 선호 사상이 지배했던 시절인 2006년 서울 중구에 있는 5억1000만 원짜리 아파트를 사면서 은행에서 2억 5000만원을 빌렸던 사람은 월 500만원 벌이에 이자만 매달 110만원 나가면서 원금은 한 푼도 갚지 못하면서 수입의 22%를 이자로 내고 있는 무거운 부담을 지며 산다. 아파트를 살 때만 해도 3년(대출 기간) 동안 살며 집값이 뛰면 갈아탈 수 있을 거라고 생각했던 사람들이다. 하지만 몇 년 동안 게걸음을 치던 아파트 가격은 지난해부터 줄곧 내리막길을 걸었다. 이들은 지금 옆 동에 4억5000만 원짜리 급매물이 나왔는데 한 달째 보러 오는 사람도 없다는 중개사 말을 한숨만 쉬고 있다. 이와 같은 하우스 푸어(house poor)의 딱한 사연은 이제 수도권 전역에서 흔히 볼 수 있는 풍경이 됐다.

주택 가격 급락은 담보 가치 하락으로 이어져 금융위기를 촉발할 수 있다. 이런 위험은 이미 현실화되고 있다. 3월 말 기준으로 은행에 원금 일부를 갚지 못하면 만기를 연장할 수 없는 위험한 주택담보대출(3월말 기준)이 44조원에 달한다. 주택 가격이 작년 말 대비 7% 하락하면 19만4000가구가 빚을 갚기 어려운 '한계가구'로 전락했다. 한계가구는 소득의 40% 이상을 빚을 갚는 데 쓰고 자산보다 빚이 많은 가구이다. 한계가구의 급증은 금융기관의 부실로 이어진다. 부동산 가격이 7%만 떨어져도 은행 빚 중 4조원이 새로 부실채권이 된다. 지난해 은행권 당기순이익의 절반 규모다[금융감독원과 한국은행 자료]. 집값 하락과 하우스 푸어의 급증은 금융권 부실을 낳고 소비와 투자를 위축시켜 경제 전반에 큰 충격을 준다. 집값 하락세가 장기화하면 가계와 기업이 소비와 투자를 줄여 경기 위축이 가속화될 수 있다.

집값이 향후 5년간 25% 추가 하락한다면 어떻게 될까. 금융기관의 부실은 31조 원 가량 더 늘어나고, 한계가구는 현재보다 43만7000가구 늘어난다. 주택 가격이 현재의 75% 수준이 되면 하우스 푸어들은

과거 IMF 외환위기를 능가하는 타격을 입게 될 것이다[한국은행 분석]. 부동산 경착륙의 가장 큰 피해자는 은퇴를 앞두고 있는 50대 가장이 될 확률이 높다. 부동산 대출 규제가 도입되기 전에 빚을 내 집을 산 사람들은 상환 능력 대비 과도한 부채를 지고 있는 경우가 많았다. 따라서 이자만 내면 되는 대출로 집을 산 50대 장년층이 부동산 가격 하락의 직격탄을 맞을 것으로 본다. 이자만 내던 가구가 원금 상환에 들어가면 소득 중 원리금 상환비율이 49%까지 오른다. 버는 돈의 절반 가까이 빚 갚는 데 써야 한다. 아직까진 소득이 있어 버티고 있는 50대 중산층이 퇴직 후 부동산 시장 추락까지 겹치면 빚을 갚을 수 있는 통로가 막힐 수 있다[조선일보, 2012.8.3.].

주택 가격이 작년 말 가격 대비 외환위기 직후 하락 폭인 14% 정도 더 떨어질 경우 31만5000가구가 대출금을 갚지 못해 집이 경매로 넘어가는 위험에 처한다. 이 경우 은행 등 금융회사들이 떠안게 되는 부실 대출 규모는 22조원이 넘는 것으로 추산됐다. 집값 하락 폭이 25%에 달할 경우는 43만7000가구가 부도 위험에 놓이고 31조원의 대출금이 부실 대출이 될 것으로 추정되고 있다. 43만여 가구는 현재 주택담보대출을 갖고 있는 381만 가구의 11%에 달하는 것이다. 이 같은 분석 내용은 금융감독원과 한국은행의 자료를 토대로 지난해에 비해 7%, 14%, 25% 하락하는 세 가지 시나리오로 추산한 것이다.

23. 정부정책이 부동산가격 하락을 부추겼다.

침체된 부동산시장을 살리기 위해 MB정부가 수차례 대책을 내놓았지만 대책 발표 후 오히려 가격이 하락하는 '역효과'가 이어졌다. 이로 인해 시장 활성화 대책이 가격을 떨어뜨리는 주범으로까지 지목되고 있다. **시장이 원하는 수준보다 낮은 대책들이 빈번하게 발표되면서 거래는 동결시키고 실망감을 부추겨 가격을 하락시키는 요인이 되고 있는 것이다.** 7월 말 총부채상환비율(DTI)규제 완화 방침에도 불구하고 가격은 속절없이 하락하고 있다. 특히 대책 발표에 민감한 서울 강남3구 재건축 단지 하락세가 눈에 띄었다. 이 같은 흐름은 올 들어 정부의 부동산 대책 발표때마다 일어난 현상이다. 지난 5월 강남3구 투기지역 해제와 수도권 공공택지 분양권 전매제한 완화, 1가구1주택자 양도세 완화 등을 담은 '주택거래 정상화 및 서민중산층 주거안정 지원방안'을 발표했으나 발표 후 강남 3구 재건축 단지들의 가격은 일제히 하락세를 나타냈다.

개포주공1단지 42㎡는 5·10대책 발표 직전 6억8000만원이었으나 대책이 발표된 지 열흘이 지난 뒤에는 6억6000만원으로 2000만 원가량 떨어졌다. 이번에도 마찬가지다. 지난달 7월 22일 청와대가 DTI 완화 방침을 밝혔으나 규제비율 완화가 아닌 일부 규제 보완에 그칠 것으로 예상되자 발표 직전 6억 원이던 가격이 발표 후 1000만원이 떨어져 5억9000만원에 가격이 형성됐다. 이 같은 흐름은 잠실주공 5단지에서도 똑 같이 나타났다. 연이은 대책 발표가 오히려 가격을 하락시키고 있는 것이다.

MB정부가 내 놓은 부동산 대책이 찔끔찔끔 규제를 푸는 바람에 시장에 미치는 효과도 없고 오히려 가격만 끌어내리는 주범이 되고 있다. 부동산 대책이 연이어 발표되면 다음 대책이 나올 때까지 기다리는 사람들의 심리가 작동하면서 매도자는 시장 활성화를 위한 더 큰 대책이 나올 때까지 기다리는 반면 매수자는 어떤 대책이 나와도 더 떨어지기 때문에 상황을 지켜보겠다며 관망세로 접어들어 거래가 이뤄지지 않고 있는 것이다.

2012년의 경우, 대책이 발표되기 1주일 전부터 어떤 대책이 논의되고 있다는 내용 등이 앞서 많이 공개되면서 기대감만 잔뜩 올려놓고는 막상 뚜껑을 열어보면 기대보다 못해 실망매물이 많이 쏟아져 나왔고 실망감에 가격을 떨어뜨리고 매도자와 매수자 간 관망세만 더 부채질하니 차라리 대책 발표를 안 하는 편이 낫다는 것이다. 이명박 정부 들어 임기 말년까지 부동산 대책이 17개나 나왔지만 잦은 대책이 오히려 시장에 내성을 생기게 한 격이 됐고 잦은 대책은 다음 대책에서 더 큰 걸 기대하게 만들면서 거래를 동결시키고 가격을 하락시키는 원인이 되었다[파이낸셜뉴스, 2012.7.31.,박지영 기자].

2012년 깡통 아파트, 깡통 상가가 속출하였다. 아파트의 담보가치를 평가한 담보가치인정비율(LTV)에 비상이 걸렸다. **수도권 지역 집값이 큰 폭으로 하락하면서 LTV가 급등해 만기 때 집을 팔아 돈을 갚아야 하는 사례가 늘고 있다. 이는 집값 추가 하락으로 이어져 가계 부실을 부추기는 '악순환'으로 이어질 수 있다.** 금융기관들은 LTV 상승으로 채무를 갚아야 하는 주택담보대출금을 신용대출로 전환하거나 장기분할 상환으로 돌리는 등 긴급처방을 내놓고 있다[서울 = 연합뉴스, 홍정규 고유선 기자, 2012.8.1. / 금융감독원 / 은행들]. 서울과 수도권 지역 아파트 가격은 최근 5년 새 많게는 20% 넘게 떨어졌다. 용인 수지(-21.2%)·기흥(-15.4%), 과천(-20.6%), 성남 분당(-17.1%) 김포(-15.2%) 등 아파트 가격이 급락했다. 과천, 수지, 김포, 일산 등 아파트 가격은 올해 들어서만 3% 안팎 내렸다. 인천도 대부분 지역이 2% 넘게 하락했다[국민은행의 주택가격동향조사]. 분당의 경우, 2009년에 12억 원 하던 아파트가 지금은 8억 원 정도다. 특히 135m² 이상 대형 아파트의 가격이 많이 내리고 있다. 집값이 하락하면 담보가치를 평가한 LTV는 올라간다. 현재 은행들의 LTV는 평균 48.5%로 서울과 수도권에 적용되는 기준치 50%를 위협하고 있다. 집값이 더 내리면 LTV가 위험수위를 넘을 수 있다. 집값이 많이 내린 일부 지역에선 이미 기준치를 넘은 대출도 있다. 실제로 분당, 수지, 과천 등에서 금융위기 전 비싼 값에 아파트를 산 대출자의 LTV는 70 ~ 80%에 달하는 일도 있다. 분당 등 수도권 일부 지역은 아파트 가격이 고점 대비 20~30% 정도 내렸다.

올해 들어서만 주택담보대출 1만5천 건에 4천억 원이 담보가치 하락이나 신용등급 하락 등을 이유로 은행에 상환됐다. 자발적인 상환도 포함됐지만, '울며 겨자 먹기'로 집을 처분해 빚을 갚는 사례도 적지 않다. 올해 상반기 수도권의 아파트 경매는 1만3천210건으로 지난해보다 6.0% 늘었다[경매전문업체 지지옥션]. 빚을 못 갚아 집이 넘어가는 경우가 늘고 있다는 의미다. 이 수치는 금융위기 직전인 2008년 5천541건에서 2009년 1만372건으로 두 배가량 뛰어오르고 나서 2010년에는 1만180건, 2011년에는 1만2천465건을 기록했다. 그나마도 감정가의 70%가량의 헐값에 팔리고 있다. 올해 1 ~ 7월 서울의 아파트 매각가율(감정가 대비 낙찰된 금액 비율)은 77.6%로, 카드사태 직후인 2004년 79.8% 이후 처음으로 80% 아래로 떨어졌다. 인천(72.8%)과 경기(73.6%) 등 수도권의 아파트 매각가율은 서울보다 더 낮은 실정이다. 특히 최근 신도시가 들어선 김포는 낙찰가율이 63.4%까지 급전직하했다. 유찰이 많은 데다 새 물건이 계속 들어온다. 3차례까지 유찰돼 반값으로 팔리는 아파트도 적지 않다. 분당의 경우, 아파트가 오래돼 시장에선 잘 안 팔리고 경매로 넘어오는 실정이다. 실제로 낙찰가가 경매 청구액에 못 미치는 비율은 올해 6월 48.4%로 지난해 5월 38.5%보다

10%포인트 가까이 높아졌다. 경매로 넘겨도 빚을 갚기 어려운 '깡통아파트'가 그만큼 많아졌다는 뜻이다. 금감원은 LTV 상승으로 채무를 일부 갚아야 하는 주택담보대출을 신용대출로 전환하거나 장기분할 상환방식으로 돌리도록 유도하는 긴급처방을 내 놓고 있다. **집값 하락→LTV 상승→만기 때 상환압력→주택 헐값 처분→집값 추가 하락으로 이어지는 악순환의 고리**를 이대로 둬선 안 된다는 위기의식이 작용한 것이다. 그동안 만기가 돌아온 주택담보대출은 은행 지점에서 재량으로 연장해주거나 일부 상환을 받는 등의 방식으로 처리했다.

보유 부동산을 팔아도 대출 원금마저 갚지 못하는 이른바 깡통 아파트에 이어 깡통 상가가 속출하고 있다. 내수 경기 침체 여파로 수익이 줄어든 자영업자들이 상가를 사들이면서 받은 대출 이자를 감당하지 못해 운영하던 점포를 매물로 내놓고 있는 데다, 분양에 나섰던 신규 상가들마저 주인을 찾지 못하면서 점포 가격이 급격히 하락하고 있는 데 따른 결과다. 특히 부진한 내수 경기 탓에 시장에 매물로 공급되는 상가에 비해 상가를 찾는 수요가 크게 부족하다 보니 상가를 팔아도 대출 이자마저 갚지 못하는 깡통 상가로 이어지는 악순환이 벌어지고 있다.

지난해 말 0.9%였던 상업용 부동산 담보 대출 연체율이 5월 말엔 1.4%로 껑충 뛰었다. 경기 침체로 상업용 대출의 35%를 차지하는 상가 담보 대출의 부실이 늘었기 때문이다. 지난해 1월부터 지난 5월까지 증가한 상업용 대출 26조원 가운데 거의 절반(12조8000억 원)이 자영업자 대출이고, 이 가운데 약 절반인 6조원이 상가 대출로 추산하고 있다. 은퇴자들이 대거 창업에 나서면서 상가담보대출이 늘었고 2011년 주택담보대출 규제 강화로 은행들이 규제가 덜한 상업용 대출 영업에 열을 올려 대출 증가세를 부채질했기 때문이었다. 또 지난달 상가 공실률은 9.3%로 지난해 말(7.8%)보다 1.5%포인트 증가했다. 특히 대형 상가건물이 밀집한 동대문의 경우, 6월 말 공실률은 14.7%로 상가 7곳 중 1곳이 비어 있다[국토해양부 ; 전국 2000곳 상가 표본 자료 조사 결과].

이처럼 부실이 심한 상가들 대다수는 복합 쇼핑몰이 주를 이루고 있다. 한정된 상가 공간을 작은 상가로 쪼개 분양한 상태에서 인터넷 쇼핑 비중이 높아진 여파로 월 매출이 줄자 매물이 급격히 쏟아지고 있기 때문이다. 한때 유행처럼 번지던 의류 테마상가인 밀리오레, 두타, 거평프레야 등이 대표적이다. 제기동 경동시장 인근의 한방 테마상가인 동의보감·불로장생타워, 종로 국일관 드림팰리스, 천호동 나비쇼핑몰 등도 모두 상가가 비어 있다. 역시 테마상가인 신도림동 테크노마트의 경우 164개 점포가 한꺼번에 경매가 진행되고 있는 상태다. 문제는 상가대출이 주택담보대출비율(LTV) 규제의 적용을 받지 않아 부동산 가격하락에 더욱 취약한 구조를 갖고 있다는 점이다. 경매에 나온 상가는 좋지 않은 상권 탓에 평균 감정가 대비 50~60% 선에 낙찰되기 때문에 채권자 입장에선 깡통 상가와 다름없다[헤럴드경제=정순식 기자, 2012.7.31. / 한국은행 / 부동산업계].

24. 2012년 극심한 부동산시장 침체

극심한 부동산 거래 침체 속에서도 2012년 전국의 부동산 중개업소는 줄어들지 않고 소폭 증가하는 추세를 보였다[인터넷한국일보, 2012.6.21. / 한국부동산중개사협회]. **2012년 4월말 현재 전국의 중개업소는 총 8만4,412개다. 이는 지난해 4월의 8만3,974개보다 618개 많은 수치다. 같은 기간 전국의 주택거래량은 19만2,633건에서 14만6,798건으로 줄었다. 거래량은 1년 전보다 24%나 줄었는데 반해 중개업소 수는 오히려 소폭 증가했다.**

2008년 금융위기 이후 계속된 부동산 거래 침체로 중개사들의 영업 환경은 크게 악화됐지만 사무실은 전체적으로 큰 변화 없이 유지되는 추세나. **이처럼 최악의 거래 침체에도 중개업소 수가 줄지 않는 이유는 아이러니하게도 경기 침체 탓이다.** 거래는 바닥 수준으로 떨어져 문을 닫는 중개업소들이 속출하지만 이 자리를 마땅한 새 일거리를 찾지 못한 은퇴자들이 대체하고 있기 때문에 정작 중개업소는 줄지 않고 있다. 소규모 사무실만 구하면 개업이 가능하기 때문에 다른 자영업에 비해 리스크가 적다는 것도 중개업소가 줄지 않는 이유다. 하지만 워낙 거래가 없다 보니 서울 등 수도권 일대에서는 중개업소를 연 지 불과 몇 개 월 만에 문을 닫는 사례가 속출하고 있다.

서울시내 중개업소 한 곳당 평균 주택 매매 거래량은 금융위기 직후였던 2009년 11건에서 2010년에는 7.54건으로 급감했다. 지난해 9.5건으로 다시 회복세를 보였지만 2012년 4월말 현재 **서울시내 2만 3,000여개 중개업소의 총 주택매매 거래량은 5만1,813건으로 4개월간 한 곳당 평균 거래량이 2.2건에 그쳤다.** 이 같은 추세라면 중개업소당 연간 거래량이 6.6건으로 지난해의 3분의2 수준으로 줄어들 것으로 보인다. 강북권 등 거래가 급감한 외곽지역 중개업소는 올 들어 한건의 거래도 성사시키지 못한 곳이 부지기수이며 중개업소는 줄지 않으면서 거래가 줄면 더욱더 어려워 질 수밖에 없는 상황이다. **시장의 수급원리로만 설명하기 힘든 외곽 환경이 한국경제를 휘둘리고 있다.**

5.10부동산 대책이 나오기 며칠 전부터 대책의 내용이 많이 알려지면서 기대감이 가격에 선 반영된 상태였다. 더구나 매수자를 유입할 만한 총부채상환비율(DTI) 완화 등의 내용은 빠져있고 매수세도 따라붙지 않아 시장이 움직이지 않는 것 같다[서울 송파구 신천동 S공인 관계자]. **5 · 10부동산 대책이 발표된 지 보름이 넘었지만 5 · 10부동산 대책으로 혜택을 볼 것으로 예상됐던 서울 강남구와 서초구, 송파구 등 강**

남3구를 비롯해 나머지 지역에서도 대책의 온기가 전해지지 않았다. 특히 강남3구는 5 · 10부동산 대책의 후속조치로 지난 15일 투기지역까지 해제됐으나 매수자들의 문의는 거의 없고 매도자들이 시장 상황을 묻는 전화만 간간이 있다. 5 · 10부동산 대책 발표에 따라 강남3구 지역의 투기지역이 해제되면서 규제가 대폭 완화됐으나 매수세는 따라붙지 않고 있다. 대책이 나왔지만 시장 분위기는 대책 발표 전과 다르지 않다. 일부 실수요자들의 문의가 간혹 있으나 시장 분위기를 묻는 정도다. **강남3구의 투기지역이 해제돼 DTI가 40%에서 50%까지 늘어 대출을 더 많이 받을 수 있다고는 하지만 매매가격 하락세가 계속돼 실수요자들의 매수세는 거의 없다.** 실제 대치동 래미안 청실 1차 112㎡의 매매호가(로열층 기준)는 대책 전 9억1000만원 안팎이었으나 발표 후에는 9억 원으로 오히려 1000만 원 정도 떨어졌다. 대치동 은마아파트 102㎡도 8억4000만원이던 것이 8억2000만원 안팎으로 하락했다. 강남구 개포동 주공1단지 59㎡는 대책 발표 전보다 7000만원 내려 11억 ~ 11억1000만원에 매매호가가 형성돼 있으며 개포동 주공3단지 36㎡ 역시 매수세가 없어 매매호가가 1000만 ~ 4000만 원 정도 내려 가격이 5억7000만 ~ 6억 원선에 형성돼 있다. 5.10대책이 발표되기 전 개포주공 3단지 36㎡의 매매호가는 6억1000만원 안팎이었으나 현재는 저점이 5억7000만원으로, 발표 후 많게는 4000만원이 하락한 상황이다. 5 · 10대책 발표 직후 개포주공2 · 3단지 정비계획안 심의안이 통과됐으나 5 · 10대책 내용에 대한 실망이 커 가격이 하락세를 보이고 있다. 송파구도 상황이 강남구와 크게 다르지 않다.

국내외 경기가 좋지 않기 때문에 호재가 있었다 해도 매수세가 전혀 없는 상황이며 가격 상승에 대한 기대가 없는 한 매수세가 유입되기는 힘들 것 같다. 현재 잠실5단지 112㎡는 9억5000만원으로 5.10대책이 발표되기 직전 10억 원보다 5000만 원가량 하락한 상황이다.

5.10대책을 기대했던 사람은 매도자들밖에 없었다. 매도자들이 호가를 높였지만 추격 매수세가 따라주지 않으니 가격이 하락하는 것은 당연하다. 강남3구 인근의 강동구도 매매가 잠잠하긴 마찬가지다. 고덕동 재건축 단지들의 사업 진행이 속속 진행되고 있지만 매수세가 유입되지 않는 상황이다. 5월까지는 거래가 활발히 되고 6월부터 비수기에 들어가는 게 보통이지만 벌써부터 거래가 끊겼으니 비수기에는 더 심해질 것 같아 걱정이 이만저만 아니다. 걸려오는 전화는 시장 상황을 묻는 매도자들의 전화밖에 없는 상황이다. **이번 대책에서 매도자들에게는 유리한 정책들이 대거 발표된 반면 매수자들을 위한 대책은 없으니 가려운 곳을 제대로 긁지 못한 형국이다. 이어 가격이 하락하는 상황에서 유주택자가 되면 국민건강보험료, 국민연금 등 집을 보유하면서 내야 할 부담이 커지는데 누가 매수에 나서야 할 이유가 없다**

[파이낸셜뉴스, 2012.5.28. / 현장르포 / 5 · 10부동산 대책 발표 후 강남3구].

25. 미분양 아파트의 땡 처리

건설업체들이 주택경기 침체로 오래 쌓인 미분양 아파트를 해소하려고 본사뿐 아니라 계열사 임직원들에게까지 '당근'을 제공한다. 현대건설은 그룹 전 임직원과 배우자의 직계 가족, 형제, 자매를 대상으로 전국 11개 미분양 아파트를 계약금 5%, 잔금 95%의 조건에 특별판매 하였다[서울 = 연합뉴스, 강건택 이유진 기자, 2012.2.21.].

서울에서는 구로온수 힐스테이트 등 2개 단지, 부산에서는 광안 하이페리온 등 3개 단지, 대구에서는 앞산 힐스테이트 등 3개 단지, 광주 · 충청북도 · 강원도에서는 각각 1개 단지가 임직원 특별판매 대상이다. 현대차그룹 임직원 및 가족들은 단지별로 5%에서 최대 20%대까지 저렴하게 해당 미분양 아파트를 구입하였다. 요즘 선호도가 떨어지는 대형 아파트가 주된 판매 대상인 데다 서울 시내 단지들은 할인 폭이 비교적 작은 편이어서 호응이 크지는 않았다. **건설업체들이 본사나 계열사 직원들에게 혜택을 주고 악성 미분양 아파트를 해소하는 것은 어**

제오는 일이 아니다. GS건설은 경기도 고양시 식사동 위시티일산자이 아파트를 임직원들에게 대거 판매했다. STX건설은 2008년 충청남도 아산시에서 분양한 STX칸 아파트의 상당수 가구를 직원들에게 특별 판매하였고, 삼성물산은 2000년대 후반 임직원 등을 대상으로 대구 미분양 아파트를 특별 분양했지만 별다른 성과는 얻지 못했다.

과도한 주택자산 보유의 혼란 유발 ; 우리나라 가구의 27%는 능력에 비해 과도한 주택자산을 보유하고 있다. 따라서 만약 이들이 노후자금 확보를 위해 일시에 매물을 쏟아내는 경우 주택시장에 큰 혼란을 유발할 수 있다. 또 **4가구 중 1가구(25%)는 저축액수가 적정 수준 이하다.** 분석 대상 1,816가구 중에서 최적 주택자산 보유 비중을 초과하는 가구는 484가구로 전체의 27%에 달했다. 가구주 연령대로 보면 주택자산을 과도하게 보유한 가구의 76%가 가구주 연령이 40대 중반 이상이다. **특히 가구의 소득이 높을수록 과도한 주택자산을 보유한 경우가 많았다. 주택자산 과다 보유 가구는 소득수준에 비례했다. 은퇴 전후 연령의 고소득층들이 주로 능력보다 과도하게 주택자산을 보유한 것이다.** 이에 따라 가까운 미래에 노후자금 확보를 위해 고가의 주택을 처분해야 할 필요가 높아질 수밖에 없다. 이는 주택시장에 큰 혼란을 주면서 주택 처분이 상당한 어려움을 가져올 수 있다. 특히 은퇴 전후 연령대에선 저축 자체가 적정 수준에 못 미치는 경우도 많았다. **전체 1,816가구 중 국민연금을 포함하지 않는 경우 25%인 448가구가 과소 저축 가구로 분류됐다.**

26. 부동산시장 분할과 다중가격구조

서울 잠실동 잠실 리센츠(옛 주공2단지) 아파트의 경우, 같은 단지에 동일 평형의 로열층 아파트임에도 값이 5000만원이나 차이가 났다. 지하철 2호선 신천역 8번 출구에서 걸어서 1~2분 걸리는 228동 전용면적 85㎡ 매매가는 9억2000만원이었지만 빠른 걸음으로 5~7분 걸리는 216동은 8억7000만원에 매물이 나왔다. 지하철역 도보 1분 거리가 1000만원 값을 하는 셈이다. **한국 부동산시장은 같은 동네의 2000여 가구 이상의 대단지 내라도 지하철역과 가까운 동과 먼동의 같은 평형대여도 가격차가 크게 나고 있다. 이 같은 현상은 전국 방방 곳곳에서 나타나고 있는 시장지역 분할 현상이다.**

잠실리센츠 전용 85㎡ 호가는 방향, 조망권, 층수 등에 따라서도 8억4000만~10억2000만원으로 형성돼 있다. **같은 건물 내라도 가격이 매우 세분화 한 구조다.** 지하철역과 가깝고 한강 조망권까지 확보하고 있는 전용 85㎡는 평균 9억7000만~10억 원으로 다른 동보다 5000만원 비싸다. **과거에는 남향에 로열층을 찾는 고객이 많았지만**

최근에는 출퇴근이 편리한 초역세권을 찾는 수요층이 늘어난 것을 반영한 것으로 보인다. 총 4494가구에 이르는 문정동 올림픽훼밀리타운의 경우, 지하철 3·8호선 환승역인 가락시장역과 가까운 아파트가 5000만~1억 원가량 비싸다. 역과 5분 거리인 전용 117m²형은 9억5000만원, 15분 거리에 있는 같은 평형은 8억5000만원 수준이다. 전용 85m²형은 **역과 얼마나 가깝냐에 따라 3000만~5000만 원 정도 차이가 난다.** 대단지인 지하철 2호선 잠실나루역 인근에 있는 잠실파크리오(옛 잠실시영)와 신천역 인근 잠실엘스(옛 주공1단지)도 상황은 비슷하다. **5000여 가구가 넘는 대단지이기 때문에 같은 단지 내에서도 거리 차이가 크다. "3000만~5000만 원정도" 차이가 난다.** 잠실주공 재건축 단지 가운데 상대적으로 지하철역과 거리가 먼 잠실레이크팰리스(옛 주공4단지)는 전용 84m²가 8억~9억3000만원으로 역세권 단지에 비해 4000만~5000만 원가량 낮다. 석촌 호수 근처라는 장점이 있지만 2호선 잠실역이 걸어서 15~20분 정도 떨어져 있다는 것이 단점이다[한국경제신문, 2012.3.19.].

27. 2011년 부동산시장

먼저 2011년 부동산시장은 지방강세, 중소형 강세, 전세 강세가 두드러진 특징이다. 2011년 9월까지 주택 값은 주택매매가격 종합지수 기준으로 5.7% 상승을 했다. 서울, 수도권은 0.7% 상승에 그친 반면, 지방은 12.5% 상승하면서 전국 평균 매매가가 상승한 것이다. 이는 몇 년 전 지방 부동산은 끝났다는 말을 했던 전문가들의 말을 무색하게 하게 한다.

대형은 하락한 반면 중소형은 상승세를 이어갔으며, 전세는 상반기 폭등, 하반기 약 보합세를 보였다. 2011년 분양물량은 전국 21만 7900가구로 전년대비 24.5% 증가, 수도권은 10만7000가구로 전년대비 8% 증가가 되어서 역시 지방강세를 볼 수 있고, 입주물량은 전국 10만9000가구로 전년대비 33.2% 감소, 수도권 10만8300가구로 36%감소가 되었는데 이는 당장 필요한 주택 수가 부족하기 때문에 분위기가 좋은 지방은 매매가격 상승, 분위기가 좋지 않은 수도권은 전세가격 상승의 원인이 되었다.

인허가 실적, 입주물량 등 신규 공급물량은 20%이상 감소해 향후에도 공급은 여전히 부족할 전망이다. **물가가 급등하면서 2분기 4.2%에서 3분기 4.9%로 확대되었으며, 이런 실질소득 감소는 주택수요층의 구매력 저하로 이어져서 부동산시장의 침체에 직접적인 영향을 주고 있고, 중장기적인 인구감소, 베이비붐 세대의 은퇴, 노후대비 자산배분 변화, 집을 줄이는 다운사이징 선호현상 등이 부동산시장 침체와 맞물리면서 실질주택구매 감소로 이어지면서 이것이 부동산시장의 침체가 지속시켰다. 여기에 미국, 유럽 경제위기까지 겹치고, 진보적인 박원순 서울시장이 취임하면서 11월 이후 부동산시장은 더욱 냉각되었다.**

수도권은 2011년과 비슷한 보합세, 지방은 상승은 하지만 상승세는 둔화될 것이고 전세 역시 2011년 보다 상승폭은 낮고 올해 말이나 내년 초에 바닥을 찍고 2012년 하반기 정도에는 상승세로 전환하고 전세는 2011년보다 상승폭이 크지는 않을 것으로 본다[한국건설산업연구원 / 주택산업연구원 / 건설산업전략연구소]. 내년 총선, 대선은 현재 부동산시장의 침체를 활성화하기 위한 정책이 나올 수 있지만 어려운 경제상황을 감안할 때 파격적인 대책이 나오기는 어려울 것 같다. 특히 국내외 경제성장률을 3.6% 수준으로 전망하고, 유럽, 미국 경기 침체로 각국의 저성장이 불가피할 어두워 부동산시장은 밝지 않을 것 같다. 이와 같이 여러가지 변수를 종합해보면 2012년 내년 부동산시장은 총선, 대선과 경기침체 가능성, 서민층을 의식한 정치권의 행보 등을 고려할 때 내년 부동산 매매거래가격이 뛸 가능성은 높지 않다. **국내외 경제상황이 회복**

되거나 파격적이고 효과적인 부동산 정책이 나오지 않는 한 약세를 벗어나기는 어려울 것 같다.

올해 인기가 좋았던 소형아파트 내년 상승률은 올해보다는 다소 낮을 것이며, 2007~2010년까지 재미를 많이 보았던 서울 빌라는 뉴타운, 도심 재개발 사업이 사실상 재검토 들어갔고 최근 3년간 상승폭도 너무 커서 내년 2012년에는 큰 수익을 올리기는 어려울 것 같다. 하지만 하락폭이 과도하게 컸던 재건축시장은 일반아파트보다 낙폭이 더 빠르고 컸기 때문에 부정적인 상황이 걷히면 반등의 속도도 빠를 수 있다. 또한 신규 인허가, 분양 등 신규주택공급 감소를 감안하면 향후 국내외 경제상황이 회복될 경우, 부동산시장에도 긍정적인 변화를 기대할 수 있다.

2012년 주택매매가격 및 전세가격 상승폭이 지난해보다 둔화될 전망이다. 글로벌 경기불안 지속과 경제성장 둔화, 부동산시장 소비심리 위축, 주택입주물량 증가 등으로 올해 주택매매가격 및 전세가격 상승폭이 지난해보다 둔화될 것이다[뉴시스 서상준 기자, 2012.1.8. / 국토연구원]. 주택시장의 경우, 글로벌 경기 불확실성에 따른 주택 구매심리 위축으로 전국은 소폭 상승, 수도권은 안정세가 지속될 전망이다. 전세시장은 전국 및 수도권 모두 상승세가 지속될 전망이다. 하지만 최근 2년간 높은 상승에 따른 가격조정, 도시형생활주택 등 조기입주가능물량 확대 등으로 상승폭은 크게 낮아질 것으로 예상된다. 토지시장은 개발호재 지역을 중심으로 국지적 상승압력이 지속돼 상승폭이 소폭 증가할 것으로 보인다.

12·7 부동산 대책 효과와 세종시·혁신도시·국제행사 등 국지적 개발 호재, 부동산시장 소비심리 위축 등의 시장 안정요인이 공전하고 있는 한 요인이다. 국토연구원이 매월 조사하고 있는 부동산시장 소비심리조사 결과도 올해에는 부동산시장 안정세가 지속될 것이란 전망이 우세하다. 주택 입주물량은 지난해 전국 33만5000호에서 올해는 35만4000호로 증가가 예상된다. 이중 수도권은 지난해 18만6000호에서 올해는 21만1000호로 증가해 수급여건이 개선될 전망이다. 주택매매가격은 전국적으로 3.5%내외(2011년 6.9%) 상승이 전망되나 상승폭은 둔화될 것으로 보인다. 수도권은 0.5%내외(2011년 0.5%) 상승으로 보합세를 보일 전망이다. 주택전세가격 역시 전국 3.5%내외(2011년 12.3%), 수도권은 3.0%내외(2011년 11.0%)의 소폭 상승에 그칠 전망이다. 이는 최근 2년간 높은 가격 상승에 따른 가격조정, 수도권을 중심으로 입주물량이 증가했기 때문이다. 토지가격도 개발호재 지역을 중심으로 국지적 상승이 이어져 전국 지가는 1.5%내외(2011년 1.1%)로 상승폭이 소폭 확대될 것으로 예상된다[뉴시스 서상준 기자, 2012.1.8. / 국토연구원].

28. 은퇴자 증가와 부동산가격의 중장기 전망

우리나라 총인구는 현재 약 4700만 명으로 2018년 최고 정점인 4,900만 명에 도달했다가 점차 하락하기 시작한다. 현재 우리나라 베이비붐 세대(1955 ~ 1963년에 태어난 층)는 총인구의 25%를 차지한다. 2020년에는 만 60세 이상 인구가 전체 인구의 3분의 1을 차지할 것으로 보인다. 평균 수명도 95세로 늘어난다. **65세 이상 노인 인구 비중은 2019년에는 이미 14%를 넘어 고령 사회(aged society)로 진입하고 7년 후인 2027년에는 20%를 넘어서 초고령 사회(super-aged society)로 진입한다.**

정부는 고령층의 복지비를 감당하기 위해 일정기준 시가 이상의 아파트를 살 때 취득세의 일정부분에 노인 복지세 부과를 계획하고 있다. 직장 근속연한이 짧아지면서 1960년대 초반에 태어난 베이비부머들은 특별한 경우를 제외하고는 대부분 밥벌이가 없다. 국민연금 외에 개인연금을 들었거나 주식과 부동산에 투자해 성공한 사람들 외에는 대다수 베이비부머들은 빈곤층으로 전락한다.

정부는 재테크에 실패한 베이비부머들을 위해 일자리 알선과 놀거리를 제공할 것이지만 갈수록 늘어나는 베이비부머들을 만족시킬 수는 없을 것이다. 재산형성에 성공한 베이비붐세대들도 계획 밖의 지출이 늘 경우, 가진 부동산을 처분할 것으로 보여 주택가격을 주춤거리게 할 가능성이 높다.

그 동안 주택공급이 지속적으로 이루어지고 인구수가 감소하면서 대부분의 지역 주택보급율이 120% 수준까지 올라왔다. 핵가족화와 이혼증가와 같은 사회적 요인은 소규모 주거용 부동산과 임대형부동산을 선호하는 쪽으로 흐르고 있다. **전체적으로 보면 인구감소와 베이비붐세대들의 은퇴로 부동산 가격 하락할 가능성이 높다.**

친환경, 소형, 도심소형. 임대주택 수요 증가 전망; 지난 15여 년간 한국의 인구 및 가구 수 변화와 미래 인구 및 가구 수 변화를 고려할 때 전국 주택수요 연평균 증가율은 2.6%~2.9%에서 2020년에는 2.09%로 떨어질 것으로 전망한다. 지역별로 보면 수도권의 주택수요 증가율은 2005년 3.54%에서 2020년 2.5%로, 비수도권은 2.4%에서 1.7%로 각각 줄어들 것으로 본다. 또 전국 주택 추가 수요 물량도 43만 가구에서 36만 가구 수준까지 내려간다.

전체 주택수요가 줄면서 고령계층의 편리성 추구로 친환경, 소형, 도심소형·임대주택에 대한 수요가 늘어날 것이다. 전 세계적인 부동산 가격급등의 주요 원인이 2차 세계대전 이후 출생해서 구매력이 높아진 베이비부머(baby boomer) 때문이다. 1955 ~ 63년 사이에 태어난 1차 베이비부머들이 사회에 진출해 집을 사기 시작한 80년대부터 아파트시장이 상승세를 탔고, 자녀들을 위한 생활환경을 고려하기 시작한 2000년대부터는 강남 아파트 사재기가 일어났다.

베이비부머들이 그 당시 아파트 투자자의 핵심으로 부상했다. 2015년 베이비붐 세대가 본격적으로 퇴직하는 시기와 맞물리고 한국은 빠른 고령사회 진입할 것이다. 한국경제는 지난 2008년 말 글로벌 금융위기 이후 부동산시장 불황을 경험하고 있다.

부동산 버블이 붕괴한 일본의 경우 1990년대 장기불황의 원인중 하나가 고령화였는데 65세 이상 노인인구가 전체 개인금융자산의 상당부분이 저축성자산이 차지하고 있었다. 이들 노령층은 불확실한 미래 때문에 적극적으로 소비를 하지 않아 내수부진을 초래해 장기불황을 몰고 왔다.

지난 1980년대 말은 주택수요 증가가 가격상승의 가장 큰 원인으로 작용하였다면 2020년에는 주택수요보다는 유동성 과잉에 따른 투기적 수요 영향이 더 크게 작용할지 모른다. 그러나 베이비붐 세대가 2015년 이후 부동산 매각에 따른 충격으로 저성장 및 부동산 수요부족(60년대 후반 및 70년대 전반 출생한 X세대 인구감소)과 맞물려 부동산 가격이 급락할 수 있다.

하지만 2차 베이비부머 세대인 1968 ~ 1973(35 ~ 41세)가 주택시장을 떠받치고 있어 급락현상은 발생하지 않을 수 있다. 전체적인 하락보다는 일부 수요가 없는 지역의 중대형주택을 중심으로 일시적으로 거품이 빠질 수 있다. 대신 실수요자와 투자자에게 인기가 있는 도심에 위치한 소형주택들의 수요는 꾸준히 늘어나고 중대아파트도 다시 소형으로 재건축 될지 모른다. 자산가들을 중심으로 강변선호현상이 더 두드러지면 강변에 위치한 부동산은 가격상승을 기대할 수 있다.

시세차익에 대한 기대감도 서서히 사그라져 우리나라만 있는 전세제도도 임대료를 받는 월세아파트로 대거 바뀌어 갈 것이다. 금융자산에 대한 인식 전환과 정부의 부동산 억제책으로 인해 가계의 자산 중 금융자산이 차지하는 비중이 20%초반에서 선진국 수준으로 높아질 것이다. 부동산을 담보로 한 장기 역모기지론을 활용하는 것이 일반화될지 모른다.

29. 연대별 부동산 시장 추이

한국 부동산 값은 장기간 급등세를 경험하였다. 2011-2013년 중반까지는 지속적 하락을 나타냈다. 2013년 중반부터 상승하는 추이를 보이지만 시장전반은 부동산 매매로 돈을 버는 시대는 끝났다는 분위기가 지배하고 있다. 이런 시장흐름은 과거 부동산 시장 흐름과 관련을 맺고 있다.

1960년대 부동산시장 : 오늘날 최고 부동산 가격을 보이는 강남 서초구 구역은 1963년 서울시에 편입되었을 당시 대부분 배 밭인 한적한 농촌이었다. 제3한강교(현 한남대교) 기공식이 열린 1966년 상반기부터 땅 투기 붐이 일기 시작했다. 현재 지하철 3호선 양재역의 동남쪽 지역인 말죽거리는 당시 복덕방촌을 이루었다. 66년 초 평당 2백~4백원 수준이던 말죽거리 땅 값이 68년 말 평당 6천원으로 뛰었다. 예를 들어 63년 땅 값 수준(지수)을 100으로 했을 때 70년에는 강남구 학동 2천, 압구정동 2천5백이었다. 7년 만에 20~50배 오른 것이다. 박정희는 1968년 경부고속도로 기공식을 가졌고 1970년 7월에 완전 개통시켰다. 1970년대 후반에는 여의도 면적의 13배에 이르는 넓이의 영동정리지구사업을 시행했다[중앙일보, 2003.10.9, 손정묵]. **한국의 난개발은 이미 박정희 시대부터 무분별하게 진행되었다.** 1970년 10월 박정희 전 대통령은 양택식 서울시장에게 여의도 광장을 건설해 줄 것을 주문했다. 그는 녹지나 화단이 없는 아스팔트 광장을 원했다. 그러나 조순시장 시절인 97년 말에야 비로소 공원으로 개조될 수 있었다[손정묵, 서울만들기, 중앙일보, 2003.9. 25.]. **지난 65년 동안 지속적인 경제성장과 함께 60년대 후반부터 경부 축으로 한 영남지역과 서울 수도권지역이 집중 개발 되었다. 거점지역의 개발 붐을 타고 개발지역에 투자했던 사람들과 거점지역에서 살고 있었던 부동산 소유자들은 하루아침에 벼락부자가 되었다.** 일부 패가망신하는 사람들도 있었지만 대부분 부동산횡재를 얻을 수 있었다. 이렇게 갑자기 벼락부자가 된 불로소득자들은 끊임없는 부동산투기의 원동력이 되었다. 토지보상으로 갑자기 부자가 된 사람들이 강남에 고가 아파트, 고급 승용차, 최고급 의상 등을 구입했다. 그들은 자녀들을 고가 아파트촌 근처 학교에 보냈다. 한국의 졸부들은 사회적인 위치와 소명감을 생각하기보다 남들이 내가 이렇게 돈이 있으니 대접해 주길 원했다.[1)]

---

1) 1962년 서울시 도시계획법에 불량지구개량사업 포함. 1965년 서울시 도시계획법 개정 재개발지구지정 근거 마련. 1966년 서울시 세운상가 최초 재개발지구지정. 1967년 서울시 인구 400만 돌파. 1971년 서울시 도시계획법 개정(재개발사업이 도시계획법사업에 포함) / 서울시 도심 재개발 처음 등장. 소공동 재개발사업 착수. 1973년 5·23대책. 공개념 제도 도입. 서울시 특정 지구 지정(4개

1975 ~ 1980년 제1차 부동산 급등 시기 : 부동산은 1975년 26.99%에서 48.98%로 급등하였다. 그러나 1980년 11.68%로 하강했다. 이 기간 중 전반의 땅값 상승 원인은 금리 주식시장 대토수요 투기억제책이었다. 70년대 후반은 강남개발 중동 특수, 연 20% 증시 상승세. 대토수요 전무임. 투기단속에 기인했다.[2)]

1980 ~ 1987년 부동산 급등 : 등락 반복과 올림픽(1998년) 및 3저(엔저, 저금리, 저유가)에 따른 수출 급증 호재로 집값이 급등했다. 서해안개발사업, 경부고속철도와 같은 대형 국책사업도 수요를 자극했다. 과열로 판단한 정부는 규제와 대규모 공급 방안으로 대응했다.

1987 ~ 1997년 제1차 급등 시기 : 2차 급등 요인은 88올림픽, 국제수지 흑자, 종합주가지수 최초 1000 돌파. 토지보상비 증시 이동 등이었다. **부동산 가격 급등 대책은 택지 소유 상한제, 개발이익 환수**

구역. 1974년 서울시 인구 600만 돌파. 서울시 지하철 1호선 개통)

2) 1974 ~ 79년 부동산시장 과열 기간. 1975 ~ 1980년 제1차 부동산 급등 시기. 75년 26.99%에서 48.98%로 급등하였다가 80년 11.68%로 하강. 기간 중 전반의 땅값 상승 원인은 금리 주식시장. 대토수요 투기억제책. 70년대 후반은 강남개발 중동 특수 연 20% 증시 상승세. 1975년 부동산수익률 26.99% 1976년 부동산수익률 40.00% / 부동산 투기억제 특별조치법(1967.11.29) / 서울시 도시재개발법 제정. 1977년 서울 압구정동에서 영동 한양1차 아파트. 평균 분양가 3.3㎡당 33만. 연말 서울시 대부분 아파트 분양가 3.3㎡당 69만원. 1978년 부동산수익률 48.98% / 8.8조치(1978.8.8). 서울시 최초 도심 재개발 기본계획 수립. / 서울시 도심재개발 기금 설치. 1979년 이란 혁명과 함께 제2차 오일쇼크. 저성장 - 고물가 구조화. 도심 재개발 기본계획 보완(마포지역 추가). 도심과밀개발 억제를 위한 층수밀도 제한 강화

제, 토지이득 초과세 등 토지 공개념 3개 법안이 대표적인 규제였다. 공급 측면에서는 신도시 등 주택 200만 가구 건설이 추진됐다. 집값은 1991년부터 1995년까지 매년 떨어져 누적하락률은 13.5%였다. 1990년 대 소폭 상승했던 주택가격은 외환위기를 맞으면서 급속히 하락하였다. 1998년 2월 이후 1년여 사이에 전국 주택가격은 10% 넘게 빠졌다. **실업자 증가로 가계 구매력이 떨어지고 주택수요가 급격히 냉각되면서 주택, 빌딩 등을 헐값에 처분하려는 가계와 기업들이 크게 늘었다. 건설사도 경영난으로 보유 부동산을 대거 처분했다. 자산 디플레이션이 일어나면서 주택가격이 대폭 하락하였다. 하지만 집값은 곧 상승세로 반전하기 시작하였다.** 경기 회복과 주가 상승 및 저금리정책 등으로 가계 대출이 확대되면서 주택구매력이 늘어났다. 경기부양을 위한 부동산 관련 규제 완화정책이 잇따라 나왔다.

〈표 1〉 부동산 정책변화와 부동산 수익률

년도	부동산 상승률	부동산 정책과 특징
1975년	26.99%	
1976년	40.00%	부동산 투기억제특별조치법(1967.11.29)
1978년	48.98%	8.8조치(1978.8.8)
1979년		이란 혁명과 함께 제2차 오일쇼크, 저성장 - 고물가 구조화
1980년	11.68%	경제성장률 -1.5%
1981년	7.50%	주택경기 활성화 조치 등 5건
1982년	5.40%	
1983년		토지 및 주택문제 종합대책(1983.4.18)
1985년	18.50%	
1986년	7.00%	
1987년	7.10%	
1988년	13.20%	부동산종합대책(1988.8.10)

년도	부동산 상승률	부동산 정책과 특징
1990년	21.00%	부동산 투기억제정책(1990.4.13), 전국토지거래허가 5대 도시
1992년	−5.00%	
1994년	−7.38%	
1995년		부동산실명제 도입(1995.3.30)
1996년	1.50%	매매가 대비 전세금 비율 70% 상회하는 아파트 속출.
		겨울 매매가 폭등. 토지초과이득세와 아파트기준시가 대폭 인상.
1997년	0.95%	연말 IMF관리경제 개시. 부동산시장 급랭.
1998년	−13.60%	금리 20% 상회로 중도금 대출 중단 속출.
		기업구조조정으로 환금성 좋은 아파트 급매물 쏟아짐.
		주택경기 활성화 대책(5.22). 부동산세금 감면. 중도금 대출
		분양권 전매 요건 완화 등 경기 부양책.
		건설 산업 활성화 방안(9.25).
		건설 및 부동산경기 활성화 대책(12.12).
		양도소득세 완화와 분양가 자율화
1999년		분양권 전매금지 폐지(99.2).
		주택건설 촉진계획(99.10.7).
2000년		전월세 지원 대책. 임대주택건설 확대 등
2001년	12.9%	건설 산업 활성화 방안(2000.11.1)
2002년	16.4%	
2003년	8.98%	주택시장 안정화 정책(02.1.8) 등 5차례.
2004년	3.86%	
2005년		국민 참여 부동산정책(2005.8.31)
2006년	11.6%	

1998 ~ 2005년 부동산 급등 : 급등락 동반, 3차 급등 요인으로는 각종 개발계획 기획부동산, 연 3.5 ~ 3.8%. 실질금리 마이너스, 부동자금 증시유입이 본격화되지 않음. 풍부한 토지보상금으로 대토수요 증가. 세금 토지거래허가구역 확대. 집값은 외환위기 이후 그동안 실시해 온 규제완화와 경기부양 용 부동산 건설 촉진책 등으로 2001년부터 급등하기 시작했다. 수도권 주택공급 부족과 대출금리 하락 그리

고 투기수요까지 가세해 2006년까지 가파른 상승세가 지속됐다[매일경제, 2008.7.11].

〈표 2〉 부동산 정책변화와 부동산 수익률

년도	부동산 수익률	부동산 정책과 특징
1980 ~ 87년 기간		등락 반복 82년 5.40% 85년 18.50% 86년 7.0%
1980년	11.68%	경제성장률 -1.5%
1981년	7.50%	주택경기 활성화 조치 등 5건
1982년	5.40%	
1983 ~ 84년 기간		부동산시장 과열 기간
1983년		토지 및 주택문제 종합대책(1983.4.18)
1985년	18.50%	
1986년	7.00%	
1987 ~ 90년 기간		부동산시장 과열 기간 2차 급등 요인 : 88올림픽 국제수지 흑자, 연 10%, 종합주가지수 최초 1000 돌파, 토지보상비 증시 이동, 90년 전국토지거래허가 5대 도시, 88년 31.97% 94년 -7.38% 97년 0.95%
1987년	7.10%	
1988년	13.20%	부동산종합대책(1988.8.10)
1990년	21.00%	부동산 투기억제정책(1990.4.13).전국토지거래허가 5대 도시.
1992년	-5.00%	
1994년	-7.38%	
1995년		부동산실명제 도입(1995.3.30)
1996년	1.50%	매매가 대비 전세금 비율 70% 상회하는 아파트 속출. 겨울 매매가 폭등. 토지초과이득세와 아파트기준시가 대폭 인상.
1997년	0.95%	연말 IMF관리경제 개시. 부동산시장 급랭.
1998 ~ 2005년 기간		급등락 동반, 3차 급등 요인으로는 각종 개발계획 기획부동산, 연 3.5 ~ 3.8%, 실질금리 마이너스, 부동자금 증시유입이 본격화되지 않음, 풍부한 토지보상금으로 대토수요 증가,

년도	부동산 수익률	부동산 정책과 특징
1998년	-13.60%	세금 토지거래허가구역 확대, 1998년 -13.60% 2003년 8.98% 2004년 3.86% 금리 20% 상회로 중도금 대출 중단 속출. 기업구조조정으로 환금성 좋은 아파트 급매물 쏟아짐. 주택경기 활성화 대책(5.22). 부동산세금 감면. 중도금 대출 분양권 전매 요건 완화 등 경기 부양책. 건설 산업 활성화 방안(9.25). 건설 및 부동산경기 활성화 대책(12.12). 양도소득세 완화와 분양가 자율화
1999년		분양권 전매금지 폐지(99.2). 주택건설 촉진계획(99.10.7). 전월세 지원 대책. 임대주택건설 확대 등 서울 방배동 우성 재개발아파트 3.3m²당 분양가 400만원

1999년 5월~2006년 부동산 급등 : 전국 주택가격은 연평균 8.3% 상승, 서울 지역과 서울 강남 지역 주택가격은 연평균 각각 12.1%와 15.2% 상승했다. 이러한 부동산 가격 상승은 수요공급의 법칙 등을 반영한 합리적인 이유가 작동했다. 이런 이유 때문에 당시 부동산 시장에 거품 자체는 없었다. 그러나 **주택가격/가처분소득(PIR), 매매/전세가격(PRR) 등 여러 지표를 기초해 종합 평가하면 서울과 수도권은 가격 거품이 형성돼 있다.** 최근처럼 부동산 가격 하락이 계속되면 가격 왜곡이 해소되면서 시장가격은 실제 가치로 회귀할 수 있다. 이 과정에서 부동산이 큰 폭으로 떨어질 수 있다. 부동산 문제가 국가적인 시스템 리스크로 이어질 가능성은 낮지만 부동산시장 문제 위험이 계속 상존한 이상 점검이 필요하다. **미국은 30년 이상 모기지 위**

주로 움직이는 부동산시장 구조를 인데 반해 한국은 만기가 상대적으로 짧은 부동산 담보 대출이 중심을 이룬 구조여서 부동산 담보대출이 가계의 현금흐름에 미치는 영향이 굉장히 크다. 따라서 총부채상환비율(DTI), 담보인정비율(LTV) 등에 기초한 부동산 담보대출관련 자금 운영이 경직적으로 운영되면 가계에 미치는 충격이 크다[매일경제, 2007.4.20].

부동산 매매가격은 2008년 3월 이명박 정부가 들어선 이후 10개월 만에 1억243만원이 떨어졌다[부동산서브조사, 매일경제, 2008.12.06.]. 10년 후 부동산가격 예상; 장기적인 토지 수요는 인구 변화를 반영하여 증가한다. 장기적으로 토지수요를 줄이기 위해 땅 덜 필요한 미래 산업구조로 변화가 필요하다. 고령인구가 미래 땅 값의 변수가 된다[매일경제, 2007.4.25].

2000~2008년 상반기 아파트 분양가의 지속적인 상승 : 각 지역의 아파트 분양가격 중 전국 평균 상승률은 2000년 이후 2008년 상반기까지 218% 상승하였다. 서울 지역은 276%, 충남은 321%의 상승률을 보였다. 부산 지역은 248%, 대전은 223% 강원도는 218%, 경상남도는 213%, 경기도는 206%를 상승했다. 서울지역은 2000년 m²당 분양가격이 216만원을 기록한 후 2003년에는 337만원으로 급등하고 2005년에는 429만원 2007년에는 540만원 2008년 상반기에는 598만원을 기록했다. 충남은 2000년 m²당 83만원에 불과했지만 2006년 191만원에

분양된 후 2007년에는 261만원까지 치솟았다. 부산은 2000년 m²당 124만원에 분양된 후 2004년 241만원 2007년 310만원까지 급등했다. 충남지역의 분양가 상승률이 가장 높았던 것은 천안 아산신도시와 택지개발지구, 주상복합 분양물량 등이 급속도로 늘어난 것이 주된 원인이다. 천안 지역은 KTX 천안 아산역 인근에 펼쳐진 신도시와 택지개발지구 등의 물량이 나오면서 분양가격이 상승한 것이며 특히 대형 주상복합물량 등이 천안지역에서 분양된 점이 분양 가격 상승의 가장 큰 요인으로 작용했다[서울경제, 2008.10.01].

〈표 3〉 아파트 분양가 상승률 추이

(단위 : 만원, %)

구분	2000년	2008년	상승률
전국	153	334	218
서울	216	598	276
경기도	142	293	206
부산	124	308	248
대구	123	251	204
인천	114	248	218
광주	107	221	206
대전	126	282	223
울산	103	142	137
강원도	83	181	218
경남	99	211	213
충남	83	267	321

자료 : 부동산 114, 서울경제, 2008.10.01

2008년 상반기 전국 아파트 분양가는 3.3m²당 평균 1280만원으로 2007년 상반기에 비해 24.2% 상승해 1031만원으로 올랐다[부동산정보업체 스피드뱅크, 머니투데이, 2008.8.6]. 그 결과 2008년 신규 분양된 109㎡ 아파트 구입자들의 분양가 부담은 8217만 원정도 늘었다. 지역별로는 부산(1569만원)이 38.8%로 가장 많이 올랐다. 부산의 경우, 분양가 상승의 주요 원인은 건자재 가격 급등과 주상복합하우스가 높은 가격에 공급되면서 평균 분양가를 끌어올렸다. 울산, 대전, 강원, 충남, 충북 지역의 분양가는 지난해 상반기에 비해 하락했으나 서울의 평균 분양가는 지난해 상반기(1749만원) 대비 8.9% 올라 1905만원으로 전국에서 가장 비쌌다[머니투데이, 2008.8.6]. 서울 지역 부동산 매매가는 2008년 초에 비해 많이 떨어졌다. 서울의 경우 강남 -4.87% 강동 -8.90% 서초 -3.44% 송파 -8.12%로 하락하고 다만 용산 지역만 2.48% 올랐다[매일경제, 2008.12.05]. 판교 신도시는 2006년 3월, 8월 분양 당시 최고 2070대1이라는 경쟁률을 기록하며 높은 관심지역이었지만 3년도 채 안된 2008년 말에는 아파트 매매가격은 분양가 이하로 시세로 떨어졌다[매일경제, 2008.12.05]. 2008년 하반기 부동산 침체는 경매시장에도 나타났다. 낙찰률, 낙찰가율, 입찰경쟁률 등 3대 지표가 3개월째 하락하였다. 서울지역 아파트 낙찰가율은 2008년 6월 91.34% 9월 80.04% 11월 75.04%로 지속적으로 떨어졌다.[매일경제, 2008.12.05].

2002년 ~ 2004년 3차 부동산 시세 급등 : 각종 개발계획, 기획 부동산. 연 3.4- 3.8% 실질금리 마이너스 시대. 부동자금 증시 유입이 본격화도지 않음. 대토수요 증가. 세금 토지거래허가구역 확대.

〈표 4〉 2003년 한국의 빌딩 투자수익률

오피스빌딩	14.82%(서울)	2.55%(광주)	6.38%(부산)
매장용 빌딩수익률	22.45%(강남)	9.32%(광주)	8.42%(부산)

자료 : 매일경제, 2004.1.6

〈표 5〉 주택 및 아파트 가격상승률

구분	2000년	2001년	2002년	2003년
서울	4.2%	19.3%	30.8%	10.2%
전국	1.4%	14.5%	22.8%	9.6%

자료 : 중앙경제, 2004.2.11

〈표 6〉 서울 및 수도권 평당 분양가격

(단위 : 만원)

구분	1999년	2000년	2001년	2002년	2003년	2004년	2005년
서울강남						2,040	2,088
서울	632	686	688	823	2,101		
경기도	389	425	422	535	560		

자료 : 중앙경제, 2004.2.11

〈표 7〉 연도별 부동산 수익률 및 부동산 정책

년도	부동산수익률	부동산 정책 변화
2000년		건설 산업 활성화 방안(2000.11.1) 서울 아파트 분양가 3.3㎡당 1000만 원 이상 서울 강남 아파트 분양가 3.3㎡당 1500만원
2001년	12.9%	
2002년	16.4%	주택시장 안정화 정책(02.1.8) 등 5차례. 투기과열지구 도입(9월)
2003년	8.98%	투기지역 도입(1월)
2004년	3.86%	주택거래신고제 도입(3월)
2005년 ~ 2006년		자산가격 상승률 지역에 따라 아파트, 부동산대체자산 차이 : 강남구 24.6% 서초구 30% 송파구 22.8%, 금강컨트리회원권 95%, 932(2005년 1월), 양주컨트리회원권 86%, 1379.37(2005년 12월), 필로스컨트리회원권 83%, 1434.15(2006년 4월)

2005년~2007년의 기간 전반적인 상승세 : 자산 가격 상승률은 지역에 따라 아파트, 부동산 대체 자산이 달랐지만 전반적으로 상승세였다. 노무현 정부는 이에 더욱 강력한 규제로 대응했다[매일경제, 2008.7.11.]. 투기과열지구 투기지역 확대. 종합부동산 조기 시행. 다주택자 양도소득세 중과. 주택담보대출 비율 하향 조정 등 강력한 규제책을 내 놓았다. 2006년에는 서울 집값이 18.9% 뛰어 오르자 분양가 상한제, 원가공개 확대, 청약가점제 시행 등 정책이 추가됐다[매일경제, 2008.7.11]. 이러한 정책은 효과를 발휘하기 시작됐다. 2007년 이후 강력한 대응책이 효과를 나타냈다.

〈표 8〉 연도별 부동산 수익률 및 부동산 정책

년도	부동산 수익률	부동산 정책 변화
2005년		국민 참여 부동산정책(2005.8.31)
2006년	11.6%	2006년부터 초강력 부동산대책 시행
		부동산 가격 장기 상승세의 붕괴 우려 확산
		실거래가 신고제, 다주택자 양도세, 실거래가 과세 등
2007년		도입(1월)
		서울 강남 아파트 값 3.3㎡당 3000만원
		서울시 도곡 리슈빌 3.3㎡당 평균 분양가 3778만원
2008년		최고가
		군사보호구역 해제(9월 22일).
		제한구역은 특별보호구역으로 완화. 여의도 면적 154배
2009년		이상 혜택 경기침체와 부동산시장 침체 동반
2010년		8.29 부동산 대책 효과는 무

연도별 한국 부동산정책 : 우리나라 부동산정책은 1975년 이후 기간별 땅값 급등과 시기별 주변 여건에 따라 수시로 변화해 왔다. 1975년 이후 기간별로 땅값 급등과 시기별 주변 여건 및 대책을 보면 다음과 같다[매일경제, 2005. 6 10].

1975 ~ 1980 기간 : 75년 26.99%에서 48.98%로 급등하였다가 80년 11.68%로 하강. 기간 중 전반의 땅값 상승 원인은 금리 주식시장 대토수요 투기억제책, 후반은 강남개발중동특수 연 20% 증시상승세 대토수요 거의 없음 투기단속에 기인

1980 ~ 1987년 기간 : 등락 반복 82년 5.40% 85년 18.50% 86년 7.0%

1987 ~ 1997년 기간 : 2차 급등 요인 88올림픽 국제수지 흑자, 연 10%, 종합주가지수 최초 1000 돌파, 토지보상비 증시 이동, 90년 전국토지거래허가 5대 도시, 88년 31.97% 94년 -7.38% 97년 0.95%

1998 ~ 2005년 기간 : 급등락 동반, 3차 급등 요인으로는 각종 개발계획 기획부동산, 연 3.5 ~ 3.8%, 실질금리 마이너스, 부동자금 증시유입이 본격화되지 않음, 풍부한 토지보상금으로 대토수요 증가, 세금 토지거래허가구역 확대, 98년 -13.60% 2003년 8.98% 2004년 3.86%

GDP대비 총통화(M3) 비율은 2001년 1.55배 2002년 1.6배 2003년 1.64배 2005년 1.65배로 계속 증가하였다. 이는 장기평균치(3년 평균)보다 높은 과잉 유동성을 드러냈다. M3 대비 협의통화(M1) 비율도 2005년 4분기 25%에서 2006년 2월 25.7%로 증가하였다. 부동자금(수시입출금식 예금 기준)은 매년 큰 폭으로 증가하였다. 2000년 258(105) 2001년 277(118) 2002년 337(155) 2003년 371(164) 2004년 377(188) 조원(매년 1월 기준)으로 증가함으로서 시중 부동자금이 부동산시장으로 유입될 수 있었다. 특히 2004년 쏠림 현상이 심했다[매일경제, 2004. 3. 26]. 2005년 3월~2006년 3월 기간의 자산 가격 상승률은 지역에 따라 아파트, 부동산 대체자산이 달랐다 ;

강남구 아파트 : 24.6%	금강컨트리회원권	95% / 932(2005년 1월)
서초구 아파트 : 30%	양주컨트리회원권	86% / 1379.37(2005년 12월)
송파구 아파트 : 22.8%	필로스컨트리회원권	83% / 1434.15(2006년 4월 20일)

2006년 이후 ; 2006년부터는 초강력 부동산대책이 쏟아졌다. 부동산 가격의 장기 상승세는 세계적 현상으로 자산거품 붕괴를 우려했다. 주택담보 대출 연체율이 가계 소득 중 주택대출 상환금 비중이 늘면서 2008년 12월 0.47%에서 2009년 2월말 0.7%로 1.5배가량 올랐다[연합통신, 2009.4.5.]. 연체율 급증은 금융기관의 수익성에 직접적인 타격을 준다. 2007년에는 월 100만원을 벌면 15만5천원이 주택대출 상환금으로 빠져나가던 것이 작년에는 21만1천원 수준까지 올랐다. 주택담보대출이 가계대출의 50% 이상을 차지하고 있어

상환능력 악화가 가계부실로 이어 진다. **주택가격이 2007년 전체 소득의 6.6배에서 2008년 7.6배로 늘어날 정도로 집값이 오르면서 대출수요가 증가했고 금융기관에서도 주택자금 대출을 확대했다. 변동금리 대출의 비중이 가계대출의 80% 이상이다. 대출 금리가 뛰면 가계 부담이 매우 커진다. 경기가 회복하면 금리가 오르면서 가계부실과 금융기관 부실이 큰 문제가 될 수 있다. 부동산 시장이 위축되면 주택가격이 하락하므로 담보된 주택을 팔아도 은행 빚을 갚기 어려운 경우가 발생한다.** 이 같은 상황에서 주택시장 정상화 방안이 제기되었다. ①우선, 주택 구매 심리를 살리는 방법을 찾았다.②2005년 1년간 한시적으로 도입했던 '생애최초주택구입자금' 대출제도를 재도입할 필요성이 제기되었다. ③작은 주택을 큰 주택으로 교체하려는 수요자들에게 장기 저리 자금을 지원하거나 주택구입용 대출금 상환 시 소득공제 한도를 현행 1천만 원에서 2천만 원으로 늘리는 방안을 찾았다. ④선진국들처럼 장기 고정 금리부 대출을 보다 활성화가 대두됐다. 이를 위해 은행들은 장기 은행채를 발행해 수신구조를 장기화하고 주택담보부증권(MBS) 유통시장을 활성화해 은행들이 유동성 및 금리 리스크를 회피할 수 있는 수단을 마련하는 내책에 나섰다. ⑤경기 침체로 가계가 소득감소와 빚 부담 증가라는 이중고에 시달렸다. 주택금융 부실화가 금융기관 부실로 이어지지 않도록 주택시장을 정상화하고 주택금융의 구조적 문제를 개선문제가 등장했다.

〈표 9〉 우리나라 전국 주택 보유 현황

보유주택 수	가구 수(%)	누적 비율(%)
1	5,556,644(66.80%)	100%
2	1,581,324(19.01%)	34.20%
3	617,269(7.42%)	15.19%
4	273,298(3.29%)	7.77%
5	115,320(1.39%)	3.48%
6 ~ 10	141,180(1.70%)	2.09%
11 ~ 20	32,431(0.39%)	-
총 가구 수 총 주택 수	8,317,466(100%) 13,700,331개	

자료 : 행정자치부. 중앙일보, 2003.11.25.// 주택 보급률 = 주택 수 / 가구 수 × 100
注) 행정자치부 자료는 하숙, 기숙사에 있는 대학생과 회사원 등 3백여만 명을 전체 가구 수에 포함시켜 부풀려진 통계다.

30. 2008년 부동산 시장흐름

이명박 정부(2008~2012년)는 집권 초기 부동산정책 기조를 당분간 노무현 정부의 말기 부동산정책의 기본 골격을 유지하는 듯 했다. 지금까지 정부의 부동산 정책은 투기 규제 일변도였다고 보고 다른 나라처럼 유동성 관리를 통해 부동산 투기를 잡는 것과 같이 부동산 투기와 관련해 유동성 중심으로 관리하고 세금은 보조 역할을 하는 것으로 정책기조를 바꿨다[강만수 대통령직 인수위 간사, 머니투데이, 2008.1.8].

종부세 · 양도세를 단계적으로 완화하고 대출 규제로 부동산 투기를 잡기로 한 것이다. 부동산 투기 규제는 대출을 통해서 기본으로 하고 세정은 2차적인 방법을 선택한 것이다. 그러나 **글로벌 금융위기와 경기침체로 금융 및 재정 확대정책의 결과, 불어난 시중 유동성은 정부의 애초 유동성 중심으로 부동산 투기를 잡겠다는 것은 불확실해졌다.**

유동성 관리는 일차적으로 중앙은행이 책임질 일이고 정부의 역할은 제2선에 있기 때문이다. 또한 유동성 관리에서 금융기관의 유동성을 관리하는 방법은 한 다리 건너는 간접적인 방법이므로 관리가 쉽지 않다. 또한 유동성 관리에서 가장 중요한 것은 시장의 반응인데 이 또한 정책 당국의 의도대로 움직여 줄 수 있는지도 장담할 수 없는 것이다. 금융기관의 대출정책을 정부 당국이 관리한다는 것은 쉽지 않다. 이명박 정부의 시장 철학대로라면 대출 수요와 공급을 정부가 나서서 관리할 수도 없기 때문이다. 새 정부의 경제 철학과도 어긋나는 관리방법인 것이다.

세금으로 부동산 투기를 잡는 것 역시 한계가 있다는 것을 노무현 정부에서 배웠기에 이명박 정부는 유동성 관리 정책을 내세웠다. 그러나 뜻하지 않는 글로벌 금융위기로 인해 유동성 관리정책은 부적절한 수단으로 전락했다. 유동성 관리를 통해 부동산 가격 폭등을 잡겠다는 방법 자체가 역시 한계를 지니고 있다. 따라서 유동성 관리 등의 금융정책이건 강력한 세금 규제 등의 재정정책이건 두 정책이 모두 한계를 지니고 있다면 차라리 시장에 일임하는 방법이 더 좋을 수 있다. 시장에 맡기고 정부는 아예 손을 떼는 방법이 있다.

그러나 지금까지 해 온 정부정책을 일시에 파기할 수 없다는 점이 진퇴양난에 처해 있다. 오히려 시장에 맡긴다는 것이 혼란을 키울 수 있는 위험이 도사리고 있다. 새 정부가 집값이 다시 오를 있다는 점을 고려하여 현행 제도를 1년 정도의 경과를 봐서 단계적으로 정책을 결정하는 것과 종부세, 양도세 등 부동산 세제 완화를 점진적으로 추진하는 것은 올바른 접근이다[머니투데이, 2008.1.8].

부동산 시장 안정을 전제로 부동산 관련 각종 세금과 금융규제를 동시에 완화, 국민 부담을 줄인다. 부동산 거래세인 취득세·등록세와 양도소득세(1가구1주택)를 인하해 종합부동산세 부과대상을 줄인다. 종부세 대상 축소, 양도세 인하를 위해 현행 6억 원으로 돼있는 고가주택 기준을 상향 조정했다. 종부세 완화 대상은 1가구 1주택 자 가운데 장기 거주목적 보유자로 한정한다.1가구 1주택 장기보유자에 대한 종부세 감면은 장기보유 특별공제제도를 둔다. 3년 이상 보유자 양도소득의 10% 감면. 1년 늘 때마다 공제율을 3%포인트씩 높여 최대 45%까지 깎아 준다.

소득이나 담보비율 등을 기준으로 대출을 제한하고 있는 총부채상환비율(DTI)·주택담보인정비율(LTV) 등 부동산 금융 규제도 세제를 완화하면서 패키지로 푼다. 부동산시장이 안정되면 금융, 세제 모두 완화한다. 취득·등록세, 양도세 등 거래세 인하와 종부세 대상 축소 등은 2008년에 모두 추진한다. 정책 집행은 부동산 시장의 안정 여부가 제일 중요하며 금융규제와 세제의 조정 시기의 바로미터가 될 것이며 타이밍을 찾는다. 지금 상황은 전반적으로 물가상승 압력이 강하고, 서브프라임 모기지 문제 등을 고려 금융, 세제 등을 단계적으로 터준다. 부동산 정책의 기조는 금융과 세제의 동시 완화를 통해 시장을 안정시킨다. 부동산 세제 개편 시기와 관련한 구체적 로드 맵을 결정한다.

2008년 경우, 주택매매가격이 3~4%가량 상승할 것으로 전망했다[국민은행연구소]. 2008년 주택매매는 공급과 수요가 동시에 위축된 가운데 수도권을 중심으로 매매가격이 상승세를 보일 것으로 전망됐다. 공급측면에서 내년 완공될 것으로 보이는 지난 2005년·2006년 주택건설인허가 물량은 예년에 비해 연간 10만호 가량 감소한 46만호 수준이다. **그간 주택건설인허가 물량은 외환위기 때를 제외할 경우 매년 55만호를 상회해 왔다. 수요측면의 경우 1인 가구의 확대로 가구수가 꾸준히 증가하고 있으나 증가 규모는 완만하게 축소될 것으로 전망됐다. 주요 주택구입연령인 30~40대 인구가 2007년 처음 감소해 내년부터는 감소폭이 확대될 전망이다.** 수도권의 주택보급률은 2007년 107.5%, 지방은 126%를 넘고 미분양물량이 10만 가구에 이른 것은 주택공급 과잉의 징조로 볼 수 있다. 따라서 연간 50만호 공급이 적정한 규모인지 재검토가 필요했다[머니투데이, 2007.12.26, 허재완 중앙대 교수, 한국경제학회 주최, 2007년 경제정책포럼)].

31. 한국 부동산시장의 지역불균형과 시장왜곡의 악순환

서울의 아파트 가격 상승률이 부산의 15배에 이른다. 부산을 비롯한 비(非) 수도권의 일부 지역은 6년 전보다 떨어지는 등 상승률이 상대적으로 미미했다. 집값을 지역 발전의 직접적인 바로미터로 볼 수는 없겠지만, 이것만으로도 서울 중심의 지역불균형의 심각성을 실감할 수 있다. 특히, 서울의 경우 강남뿐 아니라 강북도 상대적으로 많이 올랐다. 전국에서 아파트 가격 상승률이 가장 높은 곳은 서울의 용산구. 이어 경기도 과천, 서울 노원구, 영등포구 등의 순이었다. 먼저, 이 기간 전국의 아파트 가격 상승률은 평균 28.2%였다. 광역자치단체별로 보면, 서울 50.4%, 경기 41.9%, 인천 32.2% 등이다. 서울을 중심으로 한 수도권 지역의 집값 상승률이 두드러진다. 이어 전북 28.1% 울산 24.5% 경남 17.1% 충북 16.7% 광주 15.5% 경북 12.0% 강원 11.4% 충남 11.0% 대전 9.8% 전남 7.5% 제주 7.0% 대구 6.1% 부산 3.3% 등이었다. 서울의 상승률은 부산의 15.3배나 되는 점이 눈에 띈다.

기초단체별로 보면 집값오름세의 편차는 더 커진다. 1위는 서울의 용산구로 무려 67.1%가 올랐다. 이어, 경기도 과천시 66.5%, 노원구 61.2%, 영등포구 59.2%, 성동구 58.4% 등의 순이었다. 강남불패라는 말을 만들어 낸 강남3구의 경우 서초 57.3%, 강남 52.6%, 송파 50.6% 등 역시 만만찮은 상승률을 기록했다. 이밖에 상승률이 50%를 넘은 곳은 서울 강서구 50.3% 양천구 56.6% 성남시 분당구 56.2% 고양시 일산동구 52.1% 일산서구 55.4% 안양시 동안구 52.8% 경기도 군포시 51.6% 의왕시 54.4% 등. **한결같이 서울 아니면 수도권에 포진해 있다. 또 하나 눈길을 끄는 것은, 서울의 경우 강북과 강남을 가릴 것 없이 모든 자치구가 30%를 넘는 상승률을 보였다.** 가장 낮은 종로구가 30.2%였고 중구 31.1%, 서대문구 32.3%, 동대문구 33.9% 등이었다. 이밖에 마포구 46.1%, 은평구 40.0%, 강동구 45.7%, 동작구 47.7% 등의 오름폭을 나타냈다. **강북지역은 강남 집값이 오를 만큼 오른 2006년부터 2008년까지 집중적으로 올랐다. 상승률로는 강남수준, 하지만, 상승액은 강남에 못 미친다.**

지방의 경우, 제2의 도시인 부산에서는 하락한 곳이 많았다. 중구가 2.8% 떨어진 것을 비롯해, 부산진구 0.5%, 북구 2.7%, 금정구 2.5% 등으로 나타났다. 제3의 도시라고 할 수 있는 대구 역시 달서구 0.3%, 남구 3.0%, 달성군 6.6% 등으로 올랐다고 보기 어려울 정도로 상승폭이 미미했다. 강릉시는 무려 4.1%나 떨어졌다. **대구와 부산의 아파트가격 상승세가 미미한 것은, 건설사들이 2005년부터 지방 대도시로 진출하면서 공급물량을 확대한 것이 가장 큰 요인이었다. 하지만, 보다 근본적으로 보면 도시발전이 정체된 요인이 더 크게 작용했다. 수급불균형의 근본요인때문에 발생한 것이다.** 한편, 전세가격은 주택가격 상승률과는 차이가 있다. **전국의 전세가격은 지난 6년간 12.0% 올라 가격 상승률(28.2%)의 절반에 못 미쳤다.** 광역자치단체 중에는 전북이 31.5%로 최고 상승률을 기록했다. 이어 광주 22.0% 인천 20.5% 전남 16.0% 경기 15.6% 울산 13.6% 경남 13.4% 서울 12.2% 충북 11.8% 충남 11.1% 경북 10.8% 강원 10.5% 인천 7.2% 대전 6.9% 부산 1.9% 대구 -2.3% 등이었다.

전국에서 전세가격 상승률이 가장 높은 기초단체는 충남 논산으로 41.0%에 달했다. 전북 익산 38.4%, 경남 거제 36.8%, 전북 군산 36.0%, 전남 순천 31.6% 등의 전셋값 상승률도 괄목할만하다. 서울에서는 양천구가 20.7%로 가장 높았고 금천구 19.3%, 노원구 18.4%, 강북구 16.3%, 종로구 15.4%, 중랑구 15.3% 등의 순이었다.흥미로운 것은 강남구 10.3%, 서초구 14.7% 등 집값오름세를 주도한 강남권 전셋값 오름세는 그리 크지 않았다. 특히, 송파구 상승률은 1.7%로 서울지역에서 가장 낮았다. 지방에 전세가격이 많이 오른 곳이 많은 것은 지방의 미분양 대형 아파트가 전세시장에 나왔기 때문이며, 강남지역의 경우 아파트 물량이 늘어나면서 전세가격이 상대적으로 안정

된 것이다.[서울파이낸스, 2009.7.12]

전국의 미분양주택은 2008년 말 현재 16만 가구 내지는 25만 가구에 이른다. 한 채당 평균 2억 원 잡으면 50조원에 달하는 자금이 묶였다[매일경제, 2009.3.2]. 그러나 미분양주택이 쌓이면 언제든지 건설업의 위기로 번질 수 있고 이는 곧 금융위기로 번질 수 있다. **특히 부산 대구 등의 미분양아파트는 전국 미분양아파트의 84%를 차지하며 부동산 경기 침체할 경우, 서울 수도권에 비해 가장 극심하게 미분양이 쌓였다.** 부산 대구 등 비수도권 미분양시장은 올해 5월까지만 해도 여전히 썰렁하였다. 지금까지 획기적인 부동산정책 등 각종 지원정책에도 불구하고 지방 미분양아파트 해소되지 않았다.

민간 건설업자들은 부동산 시장에서 수요 침체 공급물량 과잉 시 분양가를 대폭 깎는 등 자구노력이 전혀 하지 않으면서 정부에게 요구 한다. 미분양이 쌓이는 것은 경기침체, 시장예측의 실패, 높은 분양가 책정 등 복합적인 요인이 작용하고 있으며 무엇보다 건설업체 책임이 크다. **한국의 부동산시장은 정부 개입이 가장 강하고 흔하며 자주 정책이 바뀌는 시장이다. 민간업자와 정부가 서로 민간자율경쟁 시장을 가꾸고 만들어가는 것이 아니라 해년마다 악순환을 되풀이 하며 시장을 왜곡시키고 있다.** 아파트 미분양 한파에는 아직도 해소되지 않았지만 6월 들어서 호재가 있는 곳마다 부동산 시장이 또 다시 들썩거렸다.

그 동안 정부의 각종 부동산 지원정책과 세금 인하 정책, 규제 완화와 시중 부동자금 등에 힘입어 부동산 가격이 다시 기지개를 폈다. 2008년 미국 발 글로벌 금융위기 이후 침체했던 국내 아파트 시가총액이 2009년 들어서 크게 상승했다[DIP통신, 2009.6.17, 부동산정보업체, 부동산 서브 ; 전국 아파트 635만5099가구 조사]. 올 상반기만 20조원 증가했다. 특히, 강남, 서초, 송파, 양천구 등 서울 버블4개구 아파트 시가 총액이 10조 이상 뛰는 등 강세를 보였다. 2009년 6월 17일 현재 전국 아파트 635만5099가구의 시가총액은 1685조6272억 원으로 나타났다. 이는 2008년 12월 말 전국아파트 625만9614가구 시가총액 1665조4799억 원에 비해 20조1473억 원 증가한 것이다.

32. 2007년 이후 아파트 값 추이

강남 아파트 값은 2007년 3.3㎡당 3000만원을 넘지만 30년 전인 1977년에는 3.3㎡당 33만원에 불과하였다. **강남 아파트 값은 30년 동안 100배나 오른 것이다. 같은 기간 명목GDP는 27배가량 상승했다.** 1977년 6월 서울 압구정동에서 영동 한양1차 아파트의 평균 분양가는 3.3㎡당 33만원 이었다[장지웅 ; 주택시장 30년 파노라마, 매일경제, 2010. 9.28.]. 그러다가 **같은 해 7월 부가가치세가 도입**돼 자산 가치 상승에 대한 기대가 커졌고 아파트 지구 용적률 인하, 주택업체 보존등기 의무화로 아파트 값이 오르기 시작해 그해 말엔 서울시 대부분 아파트 분양가가 3.3㎡당 69만원으로 두 배 이상 올랐다.

이후 정부가 **분양가 상한선**을 113만원까지 올리면서 1981년 4월 잠원동 신반포13차가 3.3㎡당 105만 ~ 112만5000원에 분양됐다. 분양가 상한선은 134만원으로 올랐고 그해 말 개포지구 첫 민간아파트인 대치동 미도1차가 134만원에 분양됐다. **1980년대 후반 채권입찰제도**

집값 상승의 모멘텀이 됐다. 채권입찰제도는 주택 구입가에 정부발행 채권을 포함시켜 임대주택 건설에 쓰겠다는 정책이었지만 정부 의도와 달리 집값이 오르는 데 결정적 역할을 했다.

1990년 9월 방배 우성 재개발아파트 85m² 초과분은 3.3m²당 분양가와 채권상한액을 합쳐 400만원을 넘어섰다. **1999년 채권입찰제 폐지 후엔 분양가 자율화가 집값 상승의 배경이 됐다.** 2000년 들어 아파트 분양가는 3.3m²당 1000만원을 넘어섰고 서울 강남은 1500만원을 웃돌았다. 2003년부터 '5·23대책' 등 부동산대책이 나오고 주택시장에 공개념 제도를 도입하는 등 집값 잡기에 나섰지만 **2006년 판교, 2007년 은평 뉴타운이 집값 상승에 더욱 불을 지폈다.** 2007년 10월 도곡 리슈빌은 3.3m²당 평균 분양가가 3778만원으로 최고액을 기록했다

한국 정부의 부동산 정책은 1990년대까지 서울 경기지역과 경상도 지역 중심으로 집중적으로 개발되었다. 1990년대 이후부터 충청도 지역의 지역개발의 혜택이 돌아갔다. 불균형지역개발정책과 군사시설 보호구역 등에 의해 경기 북부 남북 경계지역과 전라도 등의 지역은 부동산으로부터 얻을 수 있는 수익이 철저하게 박탈당했다. 경제개발에서 소외된 지역과 지방은 경제개발 붐으로 부동산 가격이 폭등할 수 있는 기회를 박탈당한 것이다.

2010년 땅값은 서울과 수도권보다 지방이 훨씬 많이 오르고 특히

강원 춘천이 가장 많이 올랐다. 이에 따라 국토해양부는 2011년 2월 27일 표준지 공시지가를 지난해보다 평균 1.98% 인상했다[국토해양부, 스포츠칸, 2011.2.27.]. 2010년 땅값은 경남이 2.98%로 최고 상승했고, 강원도 2.71%, 대구 2.6%, 경기 2.57%, 대전 2.54%, 부산 2.32%, 충북 2.25%, 충남 2.24%, 울산 2.01% 등이 평균 이상 상승했다. 반면 지난해 아파트 값이 하락한 서울(1.3%), 인천(1.83%)과 제주(1.6%), 광주광역시(1.67%) 등은 상승폭이 평균에 못 미쳤다. **2010년 아파트 값이 크게 뛴 부산, 경남 등 지방이 은 표준지 공시지가도 전년대비 상승세가 뚜렷했고, 강원 등 개발 호재가 몰린 곳도 가격이 강세를 보였다.** 시·군·구별로는 강원도 춘천시가 6.22%로 가장 높이 상승했다. 춘천시는 지난해 말 서울~춘천 복선전철 개통과 위도·무릉도원 관광지 조성사업 등 개발 사업이 속속 가시화되면서 땅값이 큰 폭으로 상승했다.

부동산 경기 침체가 완연하지만 강남 대표 아파트단지 위상은 여전히 굳건하다. 일반 아파트와 차원이 다른 편의시설, 탁월한 입지와 조망권 덕분에 부유층 수요가 꾸준히 몰리고 있다. 강남 고가 아파트는 압구정 현대, 삼성동 아이파크, 도곡동 타워팰리스 3강 체제에 반포동 반포자이, 래미안퍼스티지까지 가세하는 분위기다[매일경제, 2011.9.10]. **2004년부터 이어진 상승세가 최근 들어 주춤하지만 여전히 가격은 높다.** 압구정 구현대 2차 전용 160.2㎡의 경우 지난해 1분기 25억원에 거래된 이후 그해 3분기 21억5000만원, 4분기 20억4800만원으로 가격이 계속 떨어지는 추세다. 그러다 올 2분기에는 23억5000만원으로 가격을 다소 회복했다.

삼성동 아이파크도 압구정 현대 못지않은 대표단지다. 올해 전국에서 공시가격이 가장 비싼 아파트 자리를 차지하기도 했다. 삼성동 아이파크 전용면적 269.4㎡ 공시가격은 44억7200만원으로 가장 비쌌다. 워낙 고가 단지라 거래는 거의 없지만 현재 시세는 57억 원 수준이다. 삼성동 아이파크는 우리나라 대표 '연예인 아파트'로도 불린다. 배우 전지현, 이미연씨를 비롯해 권상우, 손태영씨 부부 등이 사는 것으로 알려졌다.

압구정 현대, 삼성동 아이파크, 도곡동 타워팰리스가 전통 부촌 아파트였다면 요즘에는 반포동 반포자이, 래미안퍼스티지가 신흥 부촌 아파트로 뜨고 있다. 기존 고가 아파트들의 경우 대형 평형대 가격이 비싼 데 비해 이들 단지는 중소형단지 가격이 높다. 반포 래미안퍼스티지는 전용면적 84㎡가 13억 원 선, 135㎡는 22억 원 정도에 거래된다. 반포자이 84㎡의 경우 래미안퍼스티지와 비슷한 12억~13억 원 선이다. 두 단지 모두 초기엔 미분양이 많았지만 어느새 공급면적 기준 3.3㎡당 4000만 원대에 달할 정도로 가격이 뛰었다.

압구정 현대, 삼성동 아이파크, 도곡동 타워팰리스 등 기존 3강의 **강남 고가 아파트는 여러모로 닮은 점이 많다.** 서울 강남권에서도 핵심 입지에 위치한 데다 우수학군, 한강 조망권을 갖췄다는 점에서 희소성이 돋보인다. 3강 구도에 도전장을 내민 반포자이, 반포 래미안은 깨끗한 주변 환경과 특화된 조경, 우수학군을 자랑한다.

향후 강남권 고가 단지 인기는 지속될 수 있을까. 요즘 도시형생활주택, 오피스텔 등 **1~2인 가구 대상 부동산이 인기를 끌면서 주택시장에서 소형 평형 강세가 두드러진다. 이에 비해 대형 평형은 찬밥 신세다.** 경기 침체가 지속될 경우 강남권 대형 고가 아파트 환금성이 떨어지면서 가격 하락세가 이어질 것이다.

2012년 명동 강남역 일대 점포 및 빌딩 임대 값이 명동과 강남역 일대의 상권이 황금기를 구가하면서 치솟았다. 이 일대의 주요 빌딩 1층 숍들은 임대료가 자고나면 올라가 있을 정도로 수요가 넘쳐났다. 점포 인기가 높아지면서 빌딩들의 값어치도 급상승하였다[매일경제, 2012.1.18.]. **강남대로에 있는 삼영빌딩은 평당 4억2000만원에 팔렸다.** 이 건물의 1층 점포 숍도 원래 평당 1500만 원선에서 최근 4000만원으로 뛰었다. 기존 형성된 가격대는 3억 원 선으로 알려져 있는데 6000만원이 오른 셈이다. **명동 일대 역시 1층 10평 숍은 월 임대료가 평균 1500만원에서 3000만원~4000만 원 이상 치솟고 있다.** 시장 논리가 통하고 있는 것이다. 이 지대는 외국인들과 20~30대 고객들로 넘쳐나다 보니 가게를 열기만하면 대박을 치고 있다. 외국기업들도 명동에 숍을 내 대박을 내고 있다. 명동 강남 상권이 이처럼 주가가

치솟는 것은 한류 열풍을 탄 일본 중국 동남아들의 관광객 수요에 힘입어서다. 또 20~30대 젊은이들이 넘쳐나는 것도 요인이다. 특히 강남역 일대는 서울 남부권 대학생들의 통학로인데다 성형외과 1번지로 젊은 층을 끌어들이고 있다. 강남역 남단의 양재역 방면은 삼성타운과 강남역 지하상가 리모델링 공사 완료 및 신분당선 개통에 따른 유동인구 증가 등 트리플 호재로 대규모 프랜차이즈 업체들의 입점 경쟁이 심해졌다.

2012년 들어서 서울 아파트 가격이 5년 전 수준으로 떨어졌다. 서울의 아파트 가격이 지난 2006년 수준이다. 또 서울 강남권 아파트의 가격도 지난 2008년 수준으로 떨어졌다. 이러 현상은 아파트 값 상승보다 물가상승이 높은 데 기인한다. 지난 2003년부터 지난해까지 아파트 명목가격에서 물가상승분을 뺀 서울 아파트 실질가격(이하 3.3㎡당 가격)이 1716만원이다. 이는 2006년 서울의 아파트 실질가격인 1719만원보다도 다소 낮은 수준이다. 강남권의 경우, 지난해 아파트 실질가격은 2583만원으로 지난 2006년 2840만원보다 낮다. 5년 전보다 아파트 실질가격이 다소 떨어진 것은 아파트 값 상승률이 물가 상승률보다 낮았기 때문이다. 지난해 서울의 아파트 명목가격은 지난 2006년보다 1.6% 올랐지만 같은 기간 물가는 4.0% 상승했다. 지난 2003년 이후 서울의 아파트 실질가격이 가장 높았던 때는 지난 2009년(1798만원)이었다. 2013년에 대내외적으로 주택시장 전망이 불확실해 서울 아파트 값이 크게 상승할 가능성은 낮다. 오히려 올해 서울 아파트 실질가격은 2006년 수준보다 더 떨어질 수 있다[파이낸셜뉴스, 2012.1.3 /부동산포털 닥터아파트].

2012년 경인 아라 뱃길의 전면 개통으로 일대 아파트에 대한 관심이 높았다. 한강과 서해바다를 연결하는 경인 아라 뱃길은 항만 물동량 확대와 관광객 유치를 위해 2009년부터 2조2500억 원을 들여 건설한 대규모 운하다. 특히 물길을 따라 자전거·인라인 스케이트 도로를 조성해 한강 자전거 도로와 연결했다. 자전거와 인라인 스케이트는 물론 유람선을 타고 서해로 나갈 수도 있다. 사천교 워터프론트, 리버사이드파크, 두리 생태공원 등의 수향 8경을 즐길 수 있으며 여객유람선을 타고 서해와 한강을 오갈 수 있다. 지난해 12월에 개통한 인천공항철도와 같은 지역을 통과해 일대로서는 연이은 호재로 꼽힌다. 인천공항철도는 인천국제공항에서 영종, 계양을 거쳐 서울역을 연결하는 노선으로 지하철 1, 2, 4, 5, 6, 9호선으로의 환승이 가능하다. 이 일대에 들어설 아파트에 대해 실수요자나 투자자들이 관심을 갖는 이유다[아시아경제 배경환 기자, 2012.4.14.].

33. 2010년 8.29 부동산 대책

총부채상환비율(DTI) 적용을 내년 3월까지 한시적으로 폐지하는 것이 핵심내용이었던 정부의 8.29 부동산 대책은 실패했다. 현재 부동산 시장 상황은 그 동안의 시장 실패(가격 급등)를 스스로 치유해가는 과정으로 보지 않고 인위적으로 가격을 끌어올리려 했던 정책의도가 잘못된 것이었다[프레시안, 2010.9.15]. 인위적으로 거래를 부추기고 가격을 부양하려는 것이 대책의 계산이었다. 그러나 대책은 하향 안정화로 가는 시장을 교란시키는 반시장적 정책이었다. 특히 부동산 시장 침체를 초래한 주요 원인 제공자인 부동산·건설업계 요구를 정부가 일방적으로 반영한 것이 문제였다. DTI 규제 완화로 주택 거래 활성화를 기대할 수 없었다. 이미 금융부채를 많이 진 서민들은 DTI 추가대출을 일으키면서 집을 매입하지 않는다는 점이다. 또한 이번 정책은 정책 타이밍을 놓쳤다. 이미 주택시장이 자생능력을 거의 상실한 후에 도입되었다. 따라서 대책은 단기간에 효과를 보기 어려웠다. 대책 발표 이후에도 시장의 반응은 냉담하였다. 또한 효과 여부와 상관없이 이번 대책에 따른 부작용을 우려한다. **시장을 정책 의존적으로 만들면 도덕적 해이 문제나 정부의 부담증가를 유발함으로서 경제전반의 부실화를 초래할 수 있다.** 시장경제원리를 바탕으로 주택시장의 본래적 기능이 회복되도록 기다리는 것이 최선책이 될 수 있다. 정부의 지속적인 규제완화로 인해 주택구입이 늘어나면, 그만큼 국가경제에 미칠 부담만 더욱 더 키울 수 있다. 특히 DTI 규제 완화가 가계부채 폭탄으로 이어질 수 있다. 이번 정책이 주요 타깃으로 삼은 저소득 가계에 큰 부담이 될 수 있다.

최근 3년간 주택을 구입한 가구 중 연소득이 1500만 원 미만인 가구의 연소득 대비 대출금액비율(국민은행이 적용하는 DTI) 평균은 무려 360.8%로 전체 가구 평균인 197.7%보다 크게 높았다. 반면 연소득이 7500만 원 이상인 가구의 DTI는 146.0%에 그쳤다. DTI 완화로 인한 대출 부담이 저소득 가구일수록 더 크게 나타난 것이다. 대출 상환능력이 떨어지는 가구의 빚이 급증하면 결국 국가경제의 부담만 키우게 된다.

첫 번째 대안으로 시장 실패는 시장에 맡기는 것이 차라리 낳다. 정부는 보다 싼 주택을 공급하는데 정책의 중점을 둔 정책의 일관성을 유지한다. 주택은 고가 상품인 만큼 시장에만 맡기면 구매능력이 없는 계층은 영원히 주택을 매입할 수 없다. 정부 주택정책의 역점은 집을 소유하지 못한 무주택 가구의 주거안정에 둔다. 국가와 사회가 공급하고 소유·관리하는 소셜하우징(social housing ; 공공주택)이 정부 주택정책의 중심으로 한다. 전체 주택 재고의 20~30%를 소셜하우징이 차지할 수 있도록 시스템을 정비한다. 당장 치솟는 전세 가격을 안정시키는데 정부가 나선다.

두 번째 대안으로는 서구 선진국처럼 공공임대주택 비율이 20% 정도 확대 공급한다. 임차인들의 계약갱신청구권을 인정해 최소한 4년의 임대차기간을 보장해 준다. 갱신할 때도 임대료 인상의 상한규정을 적용하는 주택임대차보호법을 마련한다. 월세 세입자가 보증금을 높이고 월세를 줄이려 할 때 정부가 저리로 보증금을 보조한다. 순수 전세 세입자가 전세 주택 규모를 늘리려 할 때 전세금 대출의 정부 지원을 중단한다. 일정 시점에서 전세물량은 정해져 있기 때문에 정부의 섣부른 전세금 지원은 자칫 전세금만 올려 전세시장을 더 불안하게 만들 수 있다.

한국 경제가 다른 아시아 지역처럼 높은 성장률을 기록하고 있지만, 주택시장은 이들과 반대의 움직임을 보인다. 이로 인해 한국 경제 성장률이 타격을 입을 수 있다. 중국과 홍콩 등 대부분의 아시아 국가들이 치솟는 주택가격에 골머리를 앓고 있는 것과 대조적으로 한국의 서울과 지방 주택가격이 10~20%의 낙폭을 보이고 있다[월스트리트저널WSJ, 아시아경제, 2010.9.15].

주택가격 하락과 함께 주택수요도 줄어들고 있다. 일부 고수익 부동산 프로젝트는 2008년 금융위기 이후 은행들이 건전성 강화 움직임을 보이며 지연되고 있다. 한국 정부가 200억 달러 규모 자금이 투입되는 세종시 프로젝트를 비롯해 수십 개의 대규모 프로젝트를 취소한 것도 부동산 침체에 한몫했다.

부동산 시장 침체는 가계와 기업 부채를 늘리는 문제로 이어진다. 실제로 현재 한국의 가계 대출은 가처분 소득의 140%에 달할 정도로 매우 높다. 기업과 정부가 최근 몇 년간 과도하게 주택 건설에 나선 것도 문제점이다. 주택시장 침체로 인한 가계 부채 증가로 소비가 줄어들 것이다. 글로벌 경기성장세 둔화에 향후 수출 증가세까지 주춤하게 되면 한국 경제성장률 둔화로 이어질 수 있다. 올해 한국 경제가 약 6% 성장하겠지만 내년에는 성장률이 약 4%로 느려질 것으로 전망한다.

하지만 한국의 부동산시장 침체가 일본과 같은 부동산시장 붕괴로 이어지지는 않는다. 일본식 부동산 시장 붕괴는 없지만 부동산 시장 랠리가 이어질 가능성은 낮다. 한국 금융권은 일본 은행들과 같은 운명을 맞지 않지만 건설업계는 난항을 겪을 것으로 전망했다[아시아경제, 2010.9.15]. 8·29 부동산 대책 이후 부동산 시장의 가격 움직임에 실수요자들의 관심이 높아졌다. 그러나 시장은 여전히 관망세였다. 시장의 흐름을 살피기 위해 급매물을 내놨던 매도자들은 잠시 매도시기를 미루고 있으며 매수자들도 값싼 매물 찾기에 나서는데 그쳤다[동아일보, 2010.9.8].

한국의 주택가격이 서울을 포함한 수도권지역을 중심으로 2010년 10%가량 떨어졌다. 앞으로도 주택시장의 하향조정이 중·단기적으로 지속할 것으로 예상했다. 반면, 2010년 들어서 전국 아파트 매매가격은 평균 2.5% 올랐다. 부산과 경남지역이 가장 많이 올랐다. 부산이 16.2%로 상승폭이 가장 컸다. 서울은 한강이북 14개 구가 2.7%, 한강이남 11개 구가 1.8% 떨어져 평균 2.2% 하락했다. 경기지역은 3.4% 내렸다. 광역시는 평균 6.4% 올랐다. 대전 9.2%, 울산 4%, 광주 3.5%, 대구 1.9% 순으로 많이 올랐다. 수도권인 인천은 2.8% 내렸다. 수도권과 광역시를 제외한 지방은 7.8% 올랐다. 기초 지자체별로 보면 부산 사상구와 경남 김해가 각각 25.3%와 23.1% 치솟았다. 이 지역이 많이 오른 것은 두 지역을 잇는 경전철이 내년 4월 개통하고 녹산 국가산업단지 조성이라는 호재가 작용했다[한국경제신문, 2010.12.20, 국민은행 ; 주택가격동향조사].

한국의 경우 지난 10년간 주택시장 붐으로 가격이 급등해 가계의 주택구입 여력이 크게 위축된 점과 가계의 부채가 많아 금리 인상에 취약한 점이 추가적인 주택가격 하향 조정압력을 키우고 있다[서울파이낸스, 2010.9.8, 무디스 리서치 자료, 블룸버그통신]. 버블세븐 지역 아파트는 2006년 말에 비해 가격이 2010년 9월 평균 10.89% 떨어졌다.

지역별로 △용인시(-19.55%) △분당신도시(-17.93%) △평촌신도시(-14.12%) △송파구(-11.81%) △양천구 목동(-9.85%) △강남구(-6.84%) △서초구(-0.16%) 순의 하락세였다. 3.3m²당 매매가로 봐도 버블세븐 지역은 2006년 말보다 평균 200만 원가량 떨어졌다. 강남구는 3500만 원대에서 3200만 원대로, 송파구는 2500만 원대에서 2300만 원대로, 용인은 1200만 원대에서 1000만 원대로 떨어졌다. 같은 기간 서울은 2.38% 올랐고, 서울을 제외한 수도권은 1.98% 하락한 반면 신도시는 14.47%나 떨어졌다. 개포 주공1단지는 규모별로 차이가 있지만 3000만~1억 원 정도 가격이 떨어졌다. 서초 우성1·3차는 1억8000만~2억8000만 원, 송파 가락시영1·2차도 1억7000만~2억4000만 원 떨어졌다.

분당신도시는 특히 중대형 기피 현상으로 중대형 아파트의 하락폭이 컸다. 분당 정자동 파크뷰 180m²(공급면적)는 21억5000만 원에서 13억 원으로 크게 떨어졌으며 야탑동 탑대우 126m²는 8억2500만 원에서 5억6500만 원으로 하락했다. 용인에서는 지난해부터 입주 물량이 쌓이자 가격이 떨어졌다. 신봉자이1차 130m²는 6억4500만 원에서 4억1000만 원으로 떨어졌으며 죽전아이파크 105m²는 6억2500만 원에서 4억 원으로 내려갔다.

34. 총부채상환비율 규제 완화와 은행권의 주택담보대출

은행의 가계대출 중 주택담보대출 비중이 10분기 연속 커져가고 있다. 그러나 총부채상환비율(DTI) 규제 완화가 원상 복귀하더라도 가계부채의 증가 요인이 되는 주택담보대출에는 별다른 영향을 미치진 못할 것이다. **2010년 4분기 예금은행 가계대출 잔액 431조5천억 원 중 주택담보대출은 284조5천억 원으로 65.9%를 차지했다.** 은행 가계대출 중 주택담보대출비중은 2008년 2분기부터 10분기 연속 커졌으며 2003년 4분기 이후 최대치다. **2011년 1월에는 예금은행 가계대출이 전월보다 하락했지만, 주택담보대출은 1조5천억 원가량 증가하면서 비중도 66.3%로 늘어났다. 비은행예금취급기관의 주택담보대출 73조원을 포함하면 지난해 4분기 주택담보대출은 357조5천억 원으로 전체 예금취급기관 가계대출 잔액 595조9천억 원의 60.0%에 이른다**[한국은행, 연합뉴스, 2011.3.24].

DTI 규제가 원상 복귀돼도 큰 변화는 없을 것으로 전망했다. 은행이 기업대출에는 적극적이지 않은 반면 주택담보대출을 늘리는 행태 때문이다. DTI 규제가 환원되면 거액 대출은 다소 억제가 되겠지만, 전체적인 경향은 바뀌지 않을 것이란 진단이다. 다른 전문가들에 의하면 DTI 규제 완화가 주택담보대출 증가에 상당한 영향을 미친 것으로 본다. 특히 주택담보대출금이 주택 구입이 아닌 생활비나 다른 대출 이자 지급 등에도 많이 쓰이면서 가계부채 위험성이 커질 수 있다. 그러나 주택담보대출을 받을 때 DTI 최고한도까지 받는 경우가 많지 않기 때문에 규제 완화 조치가 종료된다고 해도 큰 변화는 없을 것이다. 또한 한은의 기준금리 인상(2011년 3월10일 조치)이 신규 주택담보대출을 줄일 수 있겠지만, 기존에 주택담보대출을 받은 가계의 부담은 키워 가계건전성이 악화될 수 있다. 기준금리 인상으로 은행대출금리가 상승하면 신규 주택담보대출이 주춤할 것이다. 특히 갚아야 할 이자가 불어나므로 이미 주택담보대출을 받은 사람은 더 큰 부담을 안을 것이다.

이번 대책에 대해 한쪽에서는 활성화될 것이라고 주장하고 또 다른 쪽에선 규제강화로 주택시장이 갈팡질팡 할지 모른다고 주장한다[파이낸셜뉴스, 2011.3.25]. 정부는 4월부터 DTI 규제를 부활시키는 대신 실수요자들이 이로 인한 피해를 보지 않도록 '고정금리, 비거치식, 분할상환' 등 3가지 부분을 충족시킬 경우 최대 15%포인트까지 상향 조정 가능하다. 이로 인해 서울 강남3구는 DTI가 40%에서 최대 55%, 서울은 50%에서 최대 65%, 수도권은 60%에서 최대 75%까지 올라간다.

DTI규제 부활은 규제가 강화된 것이다. 이미 시장에서는 규제 부활을 심리적 충격으로 받아들이고 있다. 그러나 투기지역이서 DTI규제 완화 혜택을 못 보던 서울 강남은 DTI 비율이 최대 55%까지 올라가고 다른 지역들도 최대 75%까지 상향조정되는 만큼 실질적인 대출환경은 오히려 좋아진 것이다. 반면 대출 가능 액의 변동보다 규제가 새로 생겼다는 사실에 주택수요자들의 심리가 악영향이 올 것으로 예상한다. 하지만 DTI규제 재 부활이 실수요자에게는 대출 가능액이 달라진 게 없다. 다만 집을 여러 채 투자하는 중복투자자들의 진입이 힘들어지게 된다.

이번 DTI 규제 보완조치로 강남지역의 자금흐름이 좋아질 것이다. 게다가 재건축 등 개별호재까지 겹치면서 강남지역 집값이 많이 움직이고 이로 인해 수도권까지 확산될 가능성이 높다. 하지만 **DTI가 부활하면서 서울 비강남권과 수도권지역에서 주택구입심리가 급속히 가라앉고 있다. 강남은 여러모로 좋아졌지만 강남 이외지역에서 집이 안 팔리게 돼 수요가 유입되지 않으면 강남도 오르기는 힘들 것이다.** DTI 규제 완화와 함께 취득세까지 내렸기 때문에 오히려 시장에는 도움이 될 것이다. 시장이 반등할 수 있는 상황은 아니지만 예년의 20% 수준에 머물고 있는 거래량은 이를 계기로 오히려 더 늘어나게 될 것이다. DTI 규제의 부활발표가 나오자마자 다음날부터 급매물이 나올 수 있지만 아직 그런 모습이 전혀 없다. 특히 강남 3구' 아파트 가운데 20%가 실수요자에 대한 총부채상환비율(DTI) 가산제도의 혜택을 볼 수 있다. 강남, 서초, 송파 등 3개 구의 아파트 가운데 6억 원을 넘지 않는 5만5천12세대가 DTI 가산제도의 적용 대상이 될 것으로 보인다. 이는 강남 3구 아파트 26만9천986세대의 20.4%에 해당한다. 6억 원을 넘는 아파트는 종전과 마찬가지로 DTI 가산제도를 적용받지 않는다.

2011년 3월 22일 주택거래활성화 방안의 발표로 다음달 1일부터 DTI 비율을 강남 3구 40%, 서울지역(강남 3구 제외) 50%, 경기 · 인천지역 60%로 환원하되 비거치식 대출에 대해 DTI를 5%포인트 높여 적용할 수 있도록 했다. 여기에 기존의 고정금리(5%포인트) 및 분할상환(5%포인트) 가산 요건을 만족하고 신용등급에 따라 5%포인트 증감되는 점을 고려하면 신용등급이 좋으면서 고정금리에 비거치식 분할상환 방식으로 대출받을 경우 최대 20%포인트까지 DTI가 가산된다. 이에 따라 6억 원 이하 아파트에 한해 강남 3구는 60%까지 DTI를 적용받을 수 있게 됐다. 다만 강남 3구를 제외한 서울지역은 65%, 경기 · 인천지역은 75%로 DTI 한도가 묶여 있어 이들 지역에 적용되는 가산 비율은 15%포인트가 최대치다[연합뉴스, 2011.3.25].

35. 보수정부와 진보정부의 부동산시장 비교

이명박 보수정부 3년 동안 부동산 시장은 노무현 진보정부 3년과 크게 대조적이다. 특히, 주택 매매시장과 전세시장은 완전히 상반되는 모습을 보였다. **노 정부 3년간은 집값이 급등한 반면, MB정부에선 전세 값이 치솟았다.** 2003년 2월부터 2006년 2월까지 노 정부 3년간 전국의 주택가격은 29.2%나 올랐다. 그러나 2008년 2월부터 2011년 2월 15일까지 MB정부 3년간은 0.1%가 내렸다. 특히, 분당(-15.45%), 일산(-12.37%), 평촌(-10.95) 등 1기 신도시의 경우 노 정부에선 55.52%나 폭등한 반면, MB 보수정부에선 12.16%나 하락했다.

서울도 진보정부에선 35.73%가 올랐지만 MB 보수정부에선 0.87% 오르는 데 그쳤다. 전세시장은 정반대의 양상을 나타냈다. MB보수정부 3년간 전국의 전세 값은 13.93%나 올랐지만 노 정부 3년간은 3.88%만 올랐다. 서울은 MB 보수정부에서 15.45%, 진보정부에선 1.35%가 올랐다. 다만 신도시 전셋값은 노 진보정부에서 13.37%, MB

보수정부에서 10.94%가 상승해 반대 현상을 보였다. MB 보수정부 들어 집값이 하락한 이유로는 우선 노 진보정부 시절인 2005~2006년에 집값이 급등한 데 따른 부담을 들 수 있다. 부동산 투기에 따른 집값 상승을 잡기 위해 2005년 종합부동산세를 도입했지만 부동산정책의 혼선으로 집값은 오히려 더 치솟았고 그 부담은 고스란히 MB정부로 넘어왔다.

노 진보정부 말기 DTI(총부채상환비율) 확대 시행으로 가수요가 차단되고 2008년 9월 불어 닥친 글로벌 금융위기로 국내외 경기가 침체되면서 집값은 내림세를 보였다. 이처럼 집값이 하락하자 집을 구입하려던 매매수요자들이 전세로 눌러앉으면서 전세수요 증가로 전세물량이 부족해짐에 따라 지난해부터 오랜 전세난이 이어지고 있다. 집값 하락으로 미분양이 늘어나는 등 주택매매 시장이 침체되면서 MB정부의 주택공급도 크게 줄었다. MB정부 3년간 전국의 주택 공급물량(아파트, 주상복합, 오피스텔, 타운하우스, 임대, 기타 포함)은 총 56만5천477가구로 참여정부 3년간의 72만8천582가구보다 16만3천105가구, 22.39% 감소했다. 노 정부시절에는 지방 경제 활성화에 주력하면서 지방 주택공급 물량이 수도권을 앞질렀다.

노 정부 3년간 지방의 주택공급 물량은 40만4천587가구로 수도권의 32만3천995가구보다 8만592가구가 많았다. 이처럼 지방에 과잉공급된 물량이 미분양 되면서 MB정부에선 지방 공급을 크게 줄였다.

MB정부 3년간의 지방 주택공급 물량은 22만5천724가구로 참여정부의 절반 수준으로 줄었다. 이는 지방의 공급 부족으로 이어지면서 지난해 지방의 분양시장 훈풍으로 이어지며 지방 부동산시장이 활기를 되찾는 결과를 낳기도 했다[부동산포털 닥터아파트, 노컷뉴스,2011.2.17.]. MB정부에서 주택공급은 줄었지만 임대물량은 참여정부보다 3배 넘게 늘었다. MB정부 3년간 공급된 임대물량은 21만5천483가구로 참여정부의 7만861가구보다 3.04배 증가했다. 참여정부 당시 지정된 임대물량이 MB정부 들어서야 공급됐기 때문이다

36. 2011년 전후 부동산 시장흐름

정부의 2011년 12·7 부동산 대책에도 불구하고 DTI 규제 지속, 물가 상승으로 인한 가처분소득 감소로 내년도 서울 및 수도권 아파트 가격이 계속 하락했다. 입주물량 감소에 따른 수급 불일치 현상으로 전세가격이 상승하고 전세가격 상승이 매매가격 상승으로 연결될 수 있다는 낙관적인 기대는 2년 전부터 존재했으나 실제 서울·수도권 부동산 가격은 계속 하락하고 있다. 정부가 가계부채 증가를 우려해 서울·수도권 DTI 규제를 지속하고 있는데 DTI 규제가 지속되면 아파트 가격 상승은 어렵다.

이는 서울시 주택보급율은 2000년 77.4%에서 2010년 96.7%로 19.3%p나 상승했지만 자가점유율은 2000년 40.8%에서 2010년 41.1%로 0.3%p 밖에 상승하지 않았다는 점이다. 이는 기존 주택 보유자들이 부동산 가격 상승을 기대해 대출을 받아서 주택을 추가로 매수했다는 것을 의미한다. 결국 DTI 규제가 지속되면 부채 증가를 이용해 주택을 매수하는 것이 제한될 수밖에 없다. DTI 규제는 아파트 가격을 부채 증가가 아닌 소득 증가에 한정시킨 정책이기 때문에 가계 소득이 증가해야만 아파트 가격 상승을 기대할 수 있다고 보며 결과적으로 서울·수도권 부동산 가격은 DTI 규제 지속, 소득 대비 높은 부동산 가격, 제한된 세제혜택으로 지방 광역시 아파트 가격처럼 수급 논리만으로 상승하기는 어렵다고 보는 것이다.

가계부채 증가에 의한 아파트 가격 상승이 어려우면 가계 소득이라도 증가해야 한다. 하지만 **가계 소득 증가율은 지난 10년간 GDP 증가율을 하회하고 있을 뿐만 아니라 2012년 GDP 증가율도 4% 내외로 떨어지고 형편이다. 무엇보다도 물가 상승과 전·월세 가격 급등으로 저축률은 하락하고 있고, 가계 가처분 소득은 감소해서 소득 증가에 의한 가격 상승도 어려운 상황으로 빠져들고 있다.**

원화기준 명목 GDP는 2000년 603조원에서 2010년 1173조원으로 94.5%(연평균 6.9%) 증가했지만 근로자 가구 가처분 소득은 2000년 364조원에서 2010년 641조원으로 76.1%(연평균 5.8%) 증가해서 GDP 증가율을 하회하고 있다. 처분가능국민소득에서 가계가 차지하는 비중은 2000년 70.3%(법인 4.2%, 일반정부 25.5%)에서 2010년에는 63.2%(법인 13.8%, 일반정부 23.0%)로 7.1%p 하락했다.

실제 2000년 근로자 가구 가처분 소득은 364조원, 아파트 시가총액은 700조원(평균 평형을 32평으로 가정)으로 아파트 시가총액은 근로자 가구 가처분 소득의 1.9배 수준이었으나, 2010년에는 근로자 가구 가처분 소득은 641조원, 아파트 시가총액이 2580조원으로 아파트 시가총액은 근로자 가구 가처분 소득의 4.0배까지 상승했다. 가계저축률은 1993년 23.1%→2000년 9.3%→2011년 3.5%로 하락하고 있기 때문에 소득 증가에 의한 주택 구매 여력이 축소되고 있다고 볼 수 있다.

현재 한국 주택 시가총액은 3500조원 내외로 GDP 대비 3.0배(미국의 경우 2.1배) 수준으로 높기 때문에 과거 아파트 가격이 상승할 때보다도 훨씬 더 많은 유동성이 들어와야 아파트 가격 상승이 가능하다는 것이다[한국경제신문, 2011.12.8].

서울 시내 25개 구 가운데 악성 미분양으로 불리는 준공 후 미분양 아파트가 가장 많은 곳은 은평구였다. 3월 말 기준 아파트, 오피스텔, 도시형생활주택을 포함한 **공동주택의 준공 후 미분양 물량은 총 723채이며 이 중 60.1%인 435채가 은평구에 집중됐다. 은평구에는 부동산 경기가 좋았던 2000년대 중후반에 중대형 아파트가 한꺼번에 공급됐으나 수요자가 많지 않고 경기가 침체되면서 미분양 적체 현상이 심화된 것으로 본다.** 한편 3월 말 기준 전국의 준공 후 미분양 물량은 1만8554채이다. 지역별로는 경기도에 2885채가 몰려 있다. 이 가운데 용인시(696채), 평택시(413채), 고양시(350채)가 많았다. 지방 5대 광역시 중에는 대구의 미분양 물량이 2588채로 가장 많았고 이어

울산 1628채, 부산 695채, 대전 289채, 광주 188채 순이다[닥터아파트, 동아일보, 2011.4.21].

한국의 부동산 프로젝트파이낸싱(PF) 대출는 경제상황에 따라서 언제든지 발생할 수 있는 시한폭탄이다. 25조원의 부동산 PF 대출 만기가 2011년 돌아온다. 2분기에 주요 채권은행의 대출 만기가 집중돼 업계에서는 5~6월 중 건설사의 'PF 대란' 우려한다. 2011년 만기가 도래한 PF 대출은 은행권 15조원, 비은행권 10조원으로 지난해 말 PF 대출 잔액 66조원의 약 38%에 이른다. PF 대출의 만기도래 시기를 집계한 결과 2분기에 만기가 가장 많이 몰려있다. 2011년 상반기 6개 주요 건설사의 PF 대출 만기 도래액을 13조8000억 원으로 추정한다. 이에 따라 건설사의 자금난은 물론 주요 PF 사업장의 사업 차질이 예상된다. **2010년 말 현재 은행과 저축은행이 810곳과 623곳의 PF 사업장에 대출한 상태다.** 증권사는 152곳, 자산운용사 128곳, 보험사 118곳 등이다. 감독당국은 사업성이 우수한 은행 PF 대출을 중심으로 만기 연장을 유도한다. 은행 PF대출 연장 또는 신규 대출이 시작돼야 제2금융권과 시공사 · 시행사로 유동성이 공급될 것이라고 한다. 수익성 우수하면 만기를 연장하고 신규 대출에 소극적으로 대응하지 않도록 은행들과 공동 협의 체계를 구축한다[금융감독원, 한국기업편가, 이투데이, 2011.4.17].

37. 서울 땅 값의 지속적인 상승

서울 땅 값이 지방 인구를 지속적으로 빨아들이면서 매년 계속 상승하였다. 서울 땅값이 10년 전에 비해 크게 올랐다. 가장 크게 오른 곳은 용산구다. 2000년 용산구의 3.3m²당 개별공시지가 상 평균지가는 110만8000원 수준이었으나 2010년 말 현재 340만8000원으로 지난 10년 전 땅값과 대비해 208% 올랐다. 용산 일대 땅값 상승은 2005년 이후 본격화됐다. 2004년까지만 해도 3.3m²당 땅값이 167만원에 머물렀지만 2005년엔 205만9000원으로 전년 대비 22% 상승했다. 이후에도 2010년까지 매년 평균 30만원씩 상승세를 거듭했다. 용산 땅값 급등은 미군기지 이전이 확정된 후 시작됐다[서울시 토지거래정보시스템 ; 서울시 전체 25개구의 2000 ~ 2010년 개별공시지가 분석 결과, 매일경제, 2011.3.29]. **강남구는 매년 땅값이 고르게 오른 특징을 보이며 207%의 상승률을 보였다.** 강남구는 2003 ~ 2004년 전국적으로 크게 올랐던 1년 새 3.3m²당 60만원 급등한 것 외에는 매년 평균 20% 안팎의 꾸준한 상승세를 보여 왔다. 서초구의 땅값 상승률은 206%로 근소한 차이로 3위를 차지했다.

강남권을 제외한 지역에서는 은평구의 상승률이 가장 컸다. 지난 10년간 상승률이 191%에 달했다. 2000년 3.3㎡당 36만8000원이었던 은평구 땅값은 2002년 37만9000원으로 거의 변동이 없었다. 그러나 은평뉴타운 개발이 가시화한 이후 매년 3.3㎡당 7만원씩 땅값이 뛰었다. 서울시 25개 구 중 땅값 변동률이 가장 작았던 곳은 동대문구(69%)와 영등포구(52%)였다. 이들 지역은 한때 각각 땅값이 3.3㎡당 248만4000원(2000년 125만9000원), 271만8000원(2000년 130만1000원)까지 올랐다. 그러나 2008년 이후 탄력 받던 재개발과 뉴타운 사업이 주택 경기 하락과 금융위기 발발 등으로 주춤하면서 각각 213만1000원, 198만원으로 땅값이 추락했다.

서울 땅 값 상승은 매년 지속되면서 상대적으로 다른 투자대상물들의 매력을 반감시켰다. 정부정책에 의해 끊임없이 부추기고 있는 부동산 가격 등귀 현상이 지속되는 한 부동산으로 자금이 쏠리는 현상은 시기와 지역에 따라 간단없이 일어날 것이다. 한국에서 부동산은 경제 전반을 왜곡 시키는 중요한 변수이다.

부록 1 정부의 토지 보상

개발 붐으로 매년 전국적인 땅 값이 상승하면서 토지 보상비가 해년마다 기하급수적으로 늘어났다. 택지개발, 도로건설, 공업. 산업단지 건설, 댐 건설 등으로 땅 보상금, 지장물 보상금, 영업보상금, 이주대책비 등의 형태로 지급되는 보상금이 해년마다 천문학적으로 계속 상승한다. 한국은 개발계획 발표=땅 값 급등=보상비 급증이라는 등식이 성립한다. 부동산 값의 급등은 국가 경쟁력의 발목을 잡는 요소다. 토지보상 단가는 2001년 제곱미터 당 4만7500원이었다. 2005년 11만300원으로 뛰었다. **같은 기간 전국 토지 땅 값 상승률은 연평균 3.9%에 머물렀지만 토지보상단가는 18%에 달했다.** 실제 2000년 10차 동시분양에 나왔던 강남구 삼성동 아이파크는 강남구 평균가였던 3.3m²당 1,080만 원보다 2배 이상 비싼 2,700만 원이었다. 그 후 인천 송도신도시, 용인 동백지구, 성남 판교신도시, 남양주 진접지구, 은평뉴타운 등지의 수도권은 모조리 급등했다. 물론 부산, 대구, 창원, 청주 등의 지방에서도 지역 평균을 넘는 고분양가 아파트가 선보였다. 심지어 2007년 10월에는 옵션가 포함, 3.3m²당 4,000만 원이 넘는 최고가 아파트가 공급됐다. 2007년 토지보상금이 2년 연속 29조원 넘게 지급됐다. **참여정부 5년간 보상금 총액은 103조원을 넘어섰다.** 2007년 각종 개발사업 토지보상금은 29조6182억 원으로 이는 지난 2006년의 29조9185억 원보다는 3000억 원 가량 적은 역대 2위 규모다. 참여정부 5년 동안 풀린 보상금은 103조184억 원으로 2006년부터 급증, 2년 연속 30조원에 근접했다. 참여정부의 보상금 지급 증가는 수도권의 주택난을 해소하기 위한 대규모 택지개발사업 추진에 따른 토지수용 보상금 증가에 기인했다. 토지보상금을 관리하기 위해 추진한 채권보상, 대토보상 등은 큰 호응을 얻지 못했다. 부재지주의 1억 원 초과분에 대해 의무적으로 채권 보상하도록 한 지난 2006년의 경우 전체 보상금 중 채권지급은 약 5%에 불과했다. 대토보상은 처음 시행된 양주 옥정지구에서 당초 예상금의 10분의 1수준인 400억 원의 대토보상 신청이 이루어졌다. 참여정부에서 풀린 보상금은 98조 원으로 국민의 정부와 비교하면 2.6배 증가했다. **2007년 토지수용, 영업 보상 등에 지급된 각종 보상금은 총 25조원 대에 이른다. 분양가자율화, 아파트 브랜드화, 웰빙·로하스 바람 등은 주택시장의 자율화, 다양화, 고급화 등의 순기능적인 역할을 하기도 했지만 그보다 더 큰 부작용이 나타나기도 했다. 이를 적용한 신규 공급아파트의 분양가가 하늘 높은 줄 모르고 치솟은 것이다.**

2008년 토지 보상비는 신도시 건설에 따른 토지 보상비가 1년 전 추산 때보다 6조2000억 원이나 늘었다. 동탄 2신도시를 제외한 2기 신도시 11곳(수도권 9, 충청권 2)의 토지 보상비가 45조원에 달할 것으로 추정됐다[국토해양부, 2008.9.8, 발표]. 이는 작년 10월 추정 보상비(38조8000억 원)보다 6조2000억 원 늘어난 규모다. 동탄 2신도시(보상비 7조9000억 원)를 포함할 경우 보상비 총액은 52조9000억 원으로 증가

한다. 지난달 새로 지정된 검단2신도시와 오산세교 신도시까지 합치면 보상비는 더욱 늘어나게 된다. 주요 신도시별 보상금(추정액)은 △파주 7조2000억 원 △위례(송파) 5조5000억 원 △검단1신도시 5조 원 △김포한강·광교·양주 각 4조3000억 원 △아산 4조2000억 원 △고덕(평택) 3조7000억 원 △판교 3조6000억 원 △동탄1신도시 1조 1000억 원 등으로 나타났다. 이처럼 토지 보상비가 당초 예상보다 늘어나면서 신도시 건설에 들어가는 총 사업비도 크게 불어나게 됐다.

2007년 토지보상금이 2년 연속 29조원 넘게 지급. 참여정부 5년간 보상금 총액은 103조원을 넘어섰다. 2007년 각종 개발사업으로 인해 지급된 토지보상금은 29조6182억 원으로 추정됐다. 이는 지난 2006년의 29조9185억 원보다는 3000억 원가량 적은 역대 2위 규모다. 참여정부 5년 동안 풀린 보상금은 103조184억 원으로 연도별로는 △2003년 10조352억 원 △2004년 16조1850억 원 △2005년 17조2615억 원 2006년부터 급증, 2년 연속 30조원에 근접했다. 연도별 토지 보상비 추이(단위 ; 억원); 2003년 100,352 2004년 161,850 2005년 172,615 2006년 299,185 2007년 221,709(추정)[자료 ; 건설교통부, 매일경제, 2007.4.23.]

막대한 보상금 지불이 전국의 부동산시장을 자극하였다[매일경제, 2007.1.23.]. 토공, 주공, 지자체 등에서 지급하는 토지 지장물에 대한 보상금이 2003년 이후 2005년까지 3년간 지출된 보상금은 37조에 이른다. 2003년 8조원 대에서 2004년 14원대 2005년 15조원대로 급증했다. 이처럼 돈이 많이 풀리면서 개발지 주변 땅값이나 서울 수도권 집값 급등에 한몫했다. 7개 대규모 신도시 사업지에서 법인 등을 제외하고 개인에게 지급한 토지보상비는 2007년 3월 말 현재 총 9조358억 원으로 이 가운데 41%인 3조7038억 원이 신도시 행정구역 밖에 거주하는 외지인 8371명에게 풀려 나갔다. 특히 서울 수도권 거주 외지인이 보상금 중 37.6%인 3조3966억 원을 챙겼다[매일경제, 2007.4.25일, 한나라 이진구 의원 자료].

2007년 5월부터 12월말까지의 보상금	
혁신도시(전국 10곳)	4조5천억 원
기업도시(전국 6곳)	3조원
인천 영종지구	5조원
김포 신도시 2단계	1조4000억 원
고양 삼송지구	2조4000억 원
오산세교2 지구 등 4개 지구	3조원
서울 우면2지구	3620억 원
강일2지구	3,138억 원
세곡지구	1,340억 원

자료 : 매일경제, 2007.1.23

부동산 광풍(예: 2006년 가을)은 막대한 토지보상비와 과다한 유동성, 무분별한 주택담보대출에 있었다. 주택담보대출 급증은 부동산 대란을 일으키기에 충분했다. 행정중심복합도시, 혁신도시, 기업도시 등의 추진에서 발생한 막대한 토지 보상비가 시중에 풀리는 유동성 과잉을 통해 부동산 폭등을 일으킨 것이 대출 급증과 막대한 토지 보상비 지급은 장기간 저금리 덕택으로 누적되어 온 초과 유동성에 활

활 타는 불에 기름을 붓는 격이었다. 토지 보상비는 2003년 10조원에서 2004년과 2005년 16조2000억 원과 17조3000억 원으로 늘었다. 2006년엔 무려 23조6000억 원으로 뛰어 넘었다. 여기에 2007년 예상 지급액이 22조2000억 원과 동탄 신도시 몫을 합하면 95조3000억 원에 달한다[매일경제, 2007.6.29]. 거의 100조원에 달하는 토지보상비가 풀리면 시중 유동성은 급팽창한다는 사실은 확실하다.

토지 보상비가 지급되면 본원통화 공급만큼 통화량 증발을 일으킨다. 채권 매각이나 차입을 통해 보상비가 지급되면 신용창조 과정을 통해 유동성을 증대시킨다. 이 세 경로를 고려하여 토지보상비 100조원이 창출해 낸 유동성 팽창을 생각해 보자. 2006년 토지보상비 24조원의 통화량 창출 팽창은 통화량 증가를 유발한 채권 발행 혹은 차입 조달분이 55%인 13조원으로 산출되었다[한국은행 조사]. 이를 근거로 계산하면 보상비 100조원의 직접적인 통화창출 효과는 55조원으로 추산된다. 여기에 신용창조 과정을 고려하면 최종적인 유동성 팽창 규모는 통화승수 13을 감안해 5~9 정도 적용하면 약 300~500조로 추산된다. 과잉 유동성은 언제든지 부동산 대란을 일으킬 수 있는 뇌관이며 2007년 증시 급등도 이와 관련이 깊다[매일경제, 2007.6.11].

부록 2 주상복합아파트

한때 부동산 시장에서 성공신화로 통했던 주상복합 아파트의 거품이 급속히 꺼지고 있다[연합뉴스,2010.10.10]. 도곡동 타워팰리스 1 ~ 3차의 지난해 거래건수는 총 97건이었지만, 올 들어서는 지금까지 단 21건에 그쳤다. 사려는 사람이 없다 보니 급매물만 쏟아지고 있다. 실거래 가격은 바닥을 모르고 내려가고 있다. 강남의 타워팰리스 2차 116㎡형 39층 가격은 15억6천만원대에서 같은 면적의 11층이 12억8천500만 원대로 떨어져 5개월 새 3억 원 가까이 폭락했다. 또 다른 강남 지역의 주상복합인 도곡동 우성캐릭터199 165㎡형은 13억 원대에서 11억 원 선까지 떨어졌다.

도곡동 대림아크로빌 201㎡형은 감정가 19억5천만 원의 65% 선인 12억8천여만 원에 낙찰됐다. 입찰자는 단 한 명이었다. 이런 시장 상황을 반영해 아예 임대방식으로 분양되는 주상복합도 등장했다. 이처럼 주상복합의 거품이 빠지는 것은 전체 부동산 시장이 조정을 거치면서 대형 · 고가 주택의 거품이 가장 먼저 식고 있다. 지금까지 주상복합은 도심 속의 고급주택을 원하는 부유층의 수요와 랜드 마크 형 집을 지어 팔려는 건설사들의 이해관계가 맞아떨어지면서 고층, 대형 면적 위주로 건축돼 비싼 값에 분양됐다. **그러나 부동산 경기 침체기에 들어서면서 일반 아파트에 비해 넓고, 값도 비싼 고급 아파트가**

같은 분양 면적형의 아파트보다 전용공간이 좁고 환기가 어려운 점, 관리비가 비싼 점, 고층 주거시설이 화재에 취약한 점, 주상복합 아파트 수요의 한정에 따른 수요자가 드물고 가격대가 높은 점 등의 요인들이 급락을 부채질하고 있다.

부록 3 토지거래허가구역 해제

서울 강남권의 일원동, 반포동, 자곡동 등과 용산구 이촌동, 종로구 삼청동 등 노른자위 땅을 포함해 **전국의 토지거래허가구역이 절반 이상 해제된다.** 분당신도시 면적(19.6㎢)의 30배가 넘는 규모다. 전국의 토지거래허가구역 616.319㎢를 2013년 5월 24일자로 해제한다. 이번에 해제되는 지역은 국토부 지정 토지거래허가구역(1098.69㎢)의 56.1%에 해당한다. 이에 따라 허가구역은 국토 면적의 1.1%에서 0.5% 수준으로 줄어든다. 이번 해제 면적은 경기도가 238.143㎢로 가장 넓고 경상남도 184.17㎢, 서울시 118.049㎢, 인천광역시 41.46㎢, 대전광역시 12.31㎢ 등의 순이다. 지정면적 대비 해제율은 경남이 96%로 가장 높았고 울산광역시가 90.4%(11.36㎢)로 뒤를 이었다. 서울은 74.5%, 경기도는 62.8%가 각각 풀렸다. **토지거래허가구역에서 풀린 곳은 앞으로 시 · 군 · 구청장의 허가 없이 토지거래가 가능하다. 또 기존에 허가받은 토지의 이용의무도 소멸된다. 또 개발사업 예정지나 땅값 상승세가 뚜렷하거나 난개발이나 투기 가능성이 높은 지역은 재 지정했다.** 그러나 14개월째 땅값 상승률 1위를 기록 중인 세종 시는 토지거래허가구역으로 묶지 않아 이 지역 땅값 상승과 투기를 우려하는 목소리가 커지고 있다. 이번 조치는 4 · 1부동산 대책의 일환이며 2008년 금융위기 이후 지속되고 있는 지가 안정세와 허가구역 장기 지정으로 인한 주민 불편을 고려한 것이다. 개발 사업이 끝났거나 취소된 곳, 보상이 끝나 사업추진에 지장이 없는 지역, 토지이용계획이 수립돼 투기가능성이 낮은 곳을 중심으로 허가구역에서 풀었다[아시아경제 이민찬 기자, 2013.5.23./국토교통부-중앙도시계획위원회].

부록 4 부동산 PF사업 기지개

부동산 부양정책에 힘입어 부동산 PF사업이 다시 기지개를 폈다. 최근 국내 공모형 PF사업에 대해 전반적인 위기감이 확산되고 있는 가운데, 출자사간 갈등으로 3년 이상 답보상태였던 **판교 알파돔시티 PF사업**이 사업 당사자 간 합의를 마무리하고 5월 분양을 시작한다. 알파돔시티 PF사업 공모자인 **한국토지주택공사(LH)와 민간사업자인 대한지방행정공제회 컨소시엄**은 그동안 출자사간 쟁점이었던 사업기간 연장에 따른 협약이행보증 갱신제출, 착공지연에 따라 증가된 사업비 분담방안, 주상복합블록(C블록) 선 착공 관련 사항에 대한 합의서 날인을 완료했다. 주상복합아파트 착공절차를 마무리하고, 분양가 심의를 거쳐 5월말 분양예정이다.

판교 알파돔시티 PF사업은 2008년 사업에 착수했으나, 부동산 경기침체에 따른 사업성 악화, 민간건설사 지급보증 거부, 사업계획변경 및 인허가 지연 등으로 사업이 장기간 지연됐다. 이에 두 차례에 걸친 사업정상화 방안을 통해 LH, 현대백화점 등의 자산 선매입 등으로 총 1조 5000억 원에 달하는 자금을 조달하고, 2014년 말에서 2018년 말까지 사업기간 연장, 단계적 개발 등을 추진하여 사업정상화를 시도했다. 하지만 인허가가 지연되고 협약이행보증서 갱신 등 착공선결사항을 민간출자사들이 이행하지 못해 지난 해 4월 기공식을 개최

하고도 착공이 지연돼 왔다. 이에 LH는 14개사에 달하는 민간 출자사들의 상충된 이해관계를 조정하였고, LH 스스로도 2011년 10월 본사업지구 6~4블록을 선매수하는 매수자금융을 실행해 3400억 원을 지원하였으며 또한 2012년 2월 토지대금 납부기한을 연장해주는 등 본 사업 유동성을 지원했다.

신분당선 판교역세권에 위치한 **판교 알파돔시티 PF사업**은 총 사업비가 5조 147억 원에 이르는 대규모 PF개발 사업으로 주상복합아파트, 백화점, 호텔 및 상업·업무시설을 유치할 예정이다. 5월말 분양 예정인 **주상복합아파트(931가구)는 전용면적 96㎡~203㎡로서 3.3㎡당 1800만원 후반 대에 분양한다.** 2300만 원대 수준인 인근 지역 시세 대비 가격경쟁력, 뛰어난 입지, 대규모 상업시설이 들어서 미래가치가 클 것으로 본다[아시아경제 박소연 기자, 2013.4.14.].

부록 5 개발제한구역(그린벨트) 해제

공공기관에만 한정됐던 개발제한구역(그린벨트) 개발이 민간에도 허용된다. 이에 따라 1971년 제도를 처음 도입한 이래 40년 넘게 '규제와 최소한의 개발' 중심으로 유지되던 그린벨트가 새로운 모습으로 탈바꿈할 가능성이 커졌다. 이번 조치는 정부가 주도한 보금자리주택 사업지인 광명·시흥지구와 4대강 주변 친수구역, 지방자치단체가 주도한 택지지구와 산업단지 등 재원 부족으로 장기간 사업이 지체된 곳에 민간부문의 자본과 개발 구상을 끌어들이려는 목적인 것 같다. 민간이 개발하면 땅 보상비 등 소요자금을 한결 쉽게 조달하면서 주거단지 외에 친환경 산업단지 등 다양한 개발 모델이 등장할 것으로 보인다.

국토교통부는 그간 보전·관리를 원칙으로 한국토지주택공사(LH)나 지자체 공기업 등에만 허용해왔던 개발제한구역 개발에 대해 민간에도 허용하는 규제 개선 방안을 검토 중이다. 현행법에 따르면 LH 등 공기업이 독자 사업 주체이거나 사업주체의 지분 51% 이상을 보유할 경우 그린벨트 해제지구 개발이 가능하다. 앞으로는 민간 단독 또는 민간이 지분 51% 이상을 가질 때에도 개발 사업에 참여할 수 있도록 법 개정을 추진하기로 한 것이다. **그린벨트 개발은 도입 이후 40년간 공익적 목적으로 공공이 주도하는 방식만 허용해왔다. 그러나 최근 LH나 지자체 재정 부족으로 곳곳에서 사업 중지 등 진**

통이 커지고 있어 대안을 마련하기로 한 것이다. 민간에도 그린벨트 빗장을 열기로 한 가장 큰 배경은 공공기관의 재원 부족이다. 그동안 공공기관이 막대한 보상비와 개발비를 대다 보니 사업성이 떨어지는 수도권 외곽이나 지방에선 장기 방치된 곳이 수두룩하다.

4년 전 보금자리주택지구로 지정된 광명·시흥지구는 지구 면적이 17.4㎢로 분당(19.6㎢)에 버금간다. 애초 주택 9만5000가구(보금자리 6만6000가구 포함), 총사업비 20조원, 토지 보상비 9조원 등 대규모 개발안을 발표했지만 부동산 불황에 따라 사업 축소가 불가피한 상황이다. 방치하면 난개발이나 특혜 소지가 크고, 공공에서 개발하자니 지구마다 많게는 수조 원에 달하는 보상비 등을 감당하기 어려워 어쩌지 못하고 있다. 따라서 사업성이 없는 보금자리지구를 순차적으로 해소하든지, 그린벨트 해제지역을 효율적으로 관리하기 위한 제3의 방법을 모색해야 할 상황인 것이다. 경기도가 지난해 말 도내 그린벨트 중 우선 해제 대상 집단취락지구에 대한 정비사업비를 추정한 결과 보상비만 9조원이 넘을 것으로 전망됐다.

민간에서 참여하지 않으면 사실상 사업 추진이 불가능한 곳이 많다. 새로 그린벨트에서 풀리는 지구는 4대강 공사비 8조원을 회수하기 위해 한국수자원공사가 추진하는 **친수구역 개발 예정지**에 주로 적용될 것으로 보인다. 이미 4대강 사업에 거액을 투자한 수공으로선 개발 사업에 추가 투자할 여력이 거의 없는 상황이다. 정부는 민간 참여를 독려하기 위해 인센티브도 검토 중이다. 사업자의 보상비 부담을 최소화하기 위해 현재의 **현금과 채권 보상에 의한 전면 매수 방식** 외에 개발 후 지구 내 **토지로 보상하는 '환지 방식'**도 도입할 방침이다. 또 주택단지를 만들 때 현재 35% 이상으로 돼 있는 임대주택 비율도 수요에 맞게 낮춰줄 계획이다. 정부는 환경 파괴·특혜 논란 등에 대해 여러 가지 안전장치 마련하고 있다[매일경제, 2013.4.11.].

부록 6 뉴타운 사업 중단 위기

뉴타운 사업이 전국적으로 곳곳에서 중단위기에 몰리고 있다. 평택시는 최근 팽성읍 안정리 일대 50만400m²에 뉴타운 해제 결정을 내렸다. **2008년 뉴타운으로 묶인 후 재산권 행사를 할 수 없다**는 주민 반발 때문이다. 부산 시 뉴타운 사업도 전면 재검토에 나섰다. 건설경기가 위축돼 시공사를 선정하기 어려운 데다 사업이 장기화되며 재산권 행사 불이익을 호소하는 주민들 민원이 끊이지 않은 탓이다.

지난해에는 인천, 군포 등에서 일부 뉴타운 지역이 지구지정에서 해제됐다. 수익성 부족과 주민 반발이 극심했기 때문이다. 서울시 상황은 더욱 심각하다. 서울은 은평·길음·왕십리 뉴타운 등 총 26곳이 뉴 타운으로 지정돼 있다. 뉴타운 내 정비구역은 총 275곳에 달한다. 이 중 공사에 착수한 곳은 시범 뉴 타운 3개 지구와 마포, 아현, 동작 노량진, 흑석 등 총 9곳에 불과한 실정이다[매일경제,2011.1.5].

부록 7 부동산과 주택연금

노후 준비가 40·50대 화두다. 특히 한국인들은 부동산 자산 비중이 높아 노후 생활비 마련이 어려운 상황이다. **최근 도시에 의하면 전체 자산에서 부동산 비중이 83.3%에 이른다. 이 가운데 95%는 거주용 주택이었다**[KB금융지주 경영연구소]. 살고 있는 집이 자산 중 대부분인 베이비부머들은 은퇴 이후 생활비를 마련할 길이 요원하다. 주택금융공사에서 판매하고 있는 주택연금은 집을 당장 팔지 않고도 꾸준한 현금흐름을 만들 수 있어 대표적인 노후 생활비 마련 전략으로 떠오르고 있다. 주택연금의 다른 이름은 **역모기지론(reverse mortgage loan)**이다. 주택연금은 집을 처분하기 위한 대출이다. **주택을 담보로 매월 연금을 대출받은 다음 만기에 집을 처분해 원리금을 모두 갚는 방식이다.**

주택연금의 가장 큰 장점은 연금 수령액이 집값을 초과하더라도 수명을 다할 때까지 연금을 계속 지급한다는 것이다. 장수할수록 연금을 많이 받는 구조다. 부부 중 한 사람이 먼저 죽더라도 배우자 사망 시까지 약정된 연금을 100% 지급하기 때문에 국민연금이나 다른 사적연금에 비해서도 유리하다. 예상 수명보다 빨리 사망해 집값만큼 연금을 받지 못하면 주택 처분 후 남는 돈을 유족에게 돌려준다. 어떤 상황에도 가입자가 손해 보는 일은 없는 것이다.

'연금'이지만 사실상 대출이기 때문에 소득으로 잡히지 않아 소득

세 부담도 없다. 내년부터 즉시연금의 비과세 혜택이 사라지고, 금융소득 종합과세 기준금액이 3000만원으로 하향 조정되지만 주택연금 가입자에게는 영향이 없다. 여기에 대출이자 200만원까지는 연금 소득공제를 받을 수 있다. 실제로 가입자가 내는 이자는 없지만 주택연금 운영에서 보이지 않는 이자가 발생하기 때문에 이만큼을 다른 공적·사적연금에 대한 소득세에서 감면받는 것이다. 재산세 부담도 줄어든다. 주택 가격 5억 원까지는 재산세를 25% 감면받을 수 있다. 가입 조건을 갖췄다면 주택연금은 되도록 빨리 가입하는 것이 좋다. 주택연금 월 수령액을 결정하는 변수들을 고려하면 향후 가입자의 연금 수령액 하향 조정이 불가피하기 때문이다.

주택금융공사는 지난 2월 주택연금 출시 5년 만에 최초로 연금액을 조정했다. 대부분 조건에서 수령액이 줄어들게 됐다. **주택연금 월 수령액은 장기주택가격 상승률과 기대수명, 시장이자율을 감안해 결정된다.** 현재 주택금융공사에서 적용하는 장기주택가격 상승률은 연 3.3%다. 지난 2월 연금액 조정 때 3.5%에서 0.2%포인트 낮춘 것이다. 하지만 시장 상황을 감안하면 연 3.3%도 높다는 시각이 많다. 실제로 주택연금이 출시된 이래 전국 주택 가격은 연평균 1.6% 하락했다. 주택금융공사는 이미 장기주택가격 상승률 조정을 위한 연구용역을 발주했다. 전문가들은 내년 초 연금 조정이 유력한 상태에서 가급적 올해 안에 가입하는 것을 추천하고 있다. 일단 가입하면 연금 수령액은 변하지 않는다.

주택연금은 시가 9억 원 이하 1주택 가구에서 부부 모두 만 60세를 넘기면 가입 자격이 주어진다. 연금 총 한도 중 절반까지는 일시 인출금으로 미리 받을 수 있어 대출을 끼고 있거나 근저당권이 설정됐어도 이를 상환하면서 연금을 받을 수 있다. 예컨대 만 70세에 시가 5억 원 주택으로 가입한다면 1억3400만원까지는 미리 받을 수 있다. 자녀 결혼자금이나 학자금 마련에도 유용한 방법이다. 대신 연금 수령액은 그만큼 줄어들게 된다. 주택연금은 받는 방식에 따라 정액형, 정률 증가형, 정률 감소형, 전후 후박형(2단계 정액 감소형) 등 네 가지 유형이 있다. 정액형 상품은 만기까지 일정 금액을 똑같이 수령할 수 있고, 정률 증가형과 정률 감소형은 매년 수령액이 각각 3%씩 증가·감소하는 상품이다. 가족 구성이나 건강 상태 등 가입자 상황에 따라 알맞은 상품을 선택할 수 있다.

최근 출시된 전후 후박형은 가입 후 10년을 넘기는 시점에 연금 수령액이 기존의 70% 수준으로 한 차례만 하향 조정되는 상품이다. 통상 은퇴 직후 생활자금 수요가 더 많은 것을 감안해 신설됐다. 앞으로는 부부 모두 60세를 넘어야 하는 가입 조건이 완화될 전망이다. 금융위원회는 최근 부부 가운데 주택 소유주만 60세를 넘어도 연금에 가입할 수 있도록 하는 내용으로 주택금융공사법 개정안을 입법예고했다. 주택금융공사는 60세를 넘지 않더라도 부부 중 나이가 더 어린 사람을 기준으로 연금을 산출할 수 있게끔 모델을 만들 계획이다[매일경제, 2012.8.13., 석민수 기자].

부록 8 10대 그룹의 638개 계열사 보유 부동산

십대 그룹의 토지 보유액이 3년 만에 31% 늘어났다. 공기업을 제외한 자산 순위 10대 그룹 소속 638개 계열사가 보유한 업무용과 비업무용 토지 장부가액 기준, **10대 그룹의 2011년 말 현재 보유 토지 평가액은 모두 78조3천279억 원으로 3년 전인 2008년 말과 비교해 30.8% 늘었다.** 부동산 경기 침체로 토지 공시지가가 전반적으로 하락했지만 대형 인수합병으로 계열사가 불어나 보유 토지가 늘어난 요인이었다. 현 정부 출범 이후 자산 재평가가 허용되자 토지가격이 현실화된 것도 보유액이 늘어난 요인이다. **10대그룹의 계열사수는 2008년에는 479개사, 2010년에는 617개사, 2011년에는 638개사로 늘었다. 3년 만에 33.2% 증가한 것이다.**

그룹별로는 작년에 롯데그룹 보유액이 13조6천245억 원으로 1위를 차지했다. 지난 2008년 10조3천153억 원이던 롯데(79개사)의 토지 보유액은 3년 만인 작년 14조원에 근접하며 32.1% 증가했다. 롯데는 롯데쇼핑과 호텔롯데 등 계열사 사업장이 주로 전국 도심 지역에 있어 토지 가격이 높게 나온 것으로 본다. 토지 보유액 2위는 삼성그룹(81개사)으로 롯데보다 1천518억 원 적은 13조4천727억 원으로 집계됐다. 이 그룹도 3년 만에 37.1% 늘었다. 이어 보유액은 현대차(56개사, 12조4천억 원), SK(94개사, 10조원), 현대중공업(24개사, 7조8천억 원), GS(73개사, 4조8천억 원), 포스코(70개사, 4조7천억 원), LG(63개사, 4조7천억 원), 한화(53개사, 4조1천억 원),

한진(45개사, 2조8천억 원) 순이었다.

현대차그룹은 현대건설 등 기업 인수와 사업장 확장으로 토지 보유액이 2008년 8조6천억 원에서 작년 12조원4억 원으로 44.6% 증가했다. 이 기간 10대 그룹 중 토지장부가액이 가장 많이 늘었다. 현대중공업 그룹은 4조3천억 원에서 7조8천억 원으로 3년 만에 78.5% 늘어 증가율 1위를 차지했다. 반면, GS그룹은 신규 토지매입이 거의 없는 상황에서 보유 토지가격마저 하락해 10대 그룹 중 유일하게 장부가액이 줄었다. 보유액이 5조4천억 원에서 5조2천억 원으로 9.9% 감소했다. 포스코그룹은 3년 간 17.9% 늘었고 LG그룹는 18.1% 증가했다. 한화그룹과 한진그룹도 각각 14.8%, 18.2% 늘었다. 10대 그룹 자산총액 중 토지평가액이 차지하는 비중은 2008년 평균 11.1%에서 작년 말 7.9%로 3.2%포인트 하락했다. 토지가격 하락에 따른 것으로 보인다. 그룹별로는 롯데가 작년 말 현재 16.4%로 토지 비중이 가장 높았다. 이어 현대중공업(13.9%), 한화(12.0%), GS(9.4%), 현대차(8.0%) 순이었다. 삼성(5.3%)과 LG(4.6%)는 비중이 낮았다[서울=연합뉴스 박성진 오예진 기자, 2012.11.26./재벌닷컴].

부록 9 자산관리공사의 국유지 매각

현재 국유농지의 경우 **농업진흥지역 내 농지** 중 5년 이상 대부계약을 유지한 실경작자에게만 매각이 됐다. 그러나 이번 개정으로 읍 · 면 지역과 상관없이 **5년 이상 대부계약을 유지한 자**에게 수의 매각할 수 있도록 했다. 또 지금까지 1989년 1월 24일 이전부터 개인이 건물로 점유한 국유지에만 수의매각이 가능하도록 한 규정을 2003년 12월 31일 이전으로 완화했다. 1989년 1월24일부터 2003년 말 사이에 개인이 점유한 국유지는 30만㎡로 약 700억 원 정도다. 이 밖에도 500㎡ 이하로 행정목적 사용이 곤란한 **영세 규모 국유지**에 대해서도 일반 경쟁 입찰 방식으로 일반 국민에게 적극 매각하기로 했다. 500㎡ 이하의 영세 규모 국유지 면적은 전체 국유지의 6.0%, 금액 기준으로는 28.6%다. 또 일부 매각제한 대상을 제외한 모든 국유재산을 매각할 수 있도록 한 **'네거티브 시스템'**을 도입해 불필요한 국유재산을 적극적으로 팔 수 있도록 개정했다. 효율적인 국유재산 관리를 위해 국유재산통합관리시스템을 구축하고, 국유재산 관리기관은 자산관리공사로 단계적으로 일원화하기로 했다.

한편 지난해 말 현재 **국유지 면적은 2만4089㎢로 전체 국토면적의 24.1%를 차지하고 있으며 금액으로는 317조5000억 원 가량 되는 것으로 나타났다.** 이 중 행정재산이 면적 기준으로 95.5%이며 임대 등이 가능한 일반재산은 4.5%이다. 정부는 내년에 약 5조 7,434억 원 규모의 국유재산을 처분하기로 의결했다. 이에 따라 2004년 이전까지 국유지를 건물로 점유한 개인에게도 해당 토지를 수의 매각할 수 있게 했다. 또 매각 대상 국유지 가운데 중소기업이 공장설립 등을 원하면 국유지 편입비율 요건(50% 미만)에 관계없이 수의 매각을 허용하기로 했다[머니투데이, 2011. 9.16.]. 정부가 내년에 팔아치우겠다는 국유지 규모는 여의도의 8배에 달한다. 이를 위해 국유지를 무단으로 점유하고 있는 사람에 땅을 매각하는 조건을 대폭 완화하고, 필요 자산을 제외하고는 규모에 상관없이 팔기로 했다. 정부가 국유 농지를 5년 이상 경작한 사람에게 수의 매각하는 등 필요성이 떨어지는 국유재산을 적극 매각한다[이데일리, 2011.9.16.]. **2012년 국유재산 관리 · 처분계획에 따르면 내년에 팔겠다는 국유재산 면적만 24㎢(2433만4000㎡)에 달한다.** 예상대로 국유재산이 팔릴 경우 약 5조7434억 원의 수입을 올린다. 이를 위해 개인이 무단 점유한 국유지는 조건을 대폭 완화해 매각한다. 종전에는 1989년 1월 24일 이전부터 건물로 점유한 국유지에 대해 점유자에게 수의계약을 허용했다. 하지만 내년부터는 2003년 12월 31일 이전으로 완화키로 했다. 조건 완화로 총 30만㎡, 금액으로 700억 원(토지대상 가격)에 상당하는 국유지를 팔 수 있게 됐다.

매각 방식도 대폭 바꾼다. 현재는 서울이나 광역시의 경우 500㎡ 이하, 시 지역은 1000㎡, 시외 지역은 2000㎡ 이하여야 팔 수 있다.

하지만 **내년부터는 서울이나 광역시의 경우 1000㎡, 시 지역은 2000㎡, 시외 지역은 3000㎡ 이하인 경우 재정부 승인 없이 매각이 가능해진다.** 설령 이 기준을 초과한다고 해도 국유재산심의위 심의를 거치면 매각이 가능해진다. 농업 진흥지역 농지라는 이유로 매각이 어렵던 국유농지도 농어촌공사가 운영하는 농지은행에 매각하거나, 위탁관리도 검토하기로 했다. 또 읍·면 지역의 경우 농업 진흥지역 밖 농지에 대해서도 매각을 허용키로 했다. 자투리땅인 500㎡의 영세규모 국유지는 일반국민에게 일반 경쟁 입찰 방식으로 적극 매각하고, 중소기업이 공장설립 등에 필요한 경우 국유지 편입비율 요건(현행 50% 미만)에 관계없이 수의매각을 허용키로 했다. 이와는 별도로 국유지 개발도 적극 나서 내년에만 1055억 원의 개발 수익을 거두기로 했다. 당장 내년 초엔 대전 시 문화동 소재 국유지에 국방부 주관 신탁개발을 추진하기로 했다. 이곳에는 복합 상업 시설(웨딩홀, 컨벤션) 등이 들어서면 연간 18억 원의 임대수익을 올릴 수 있다.

부록 10 달동네 역사

일제 강점이 시작된 1910년대, 일제에 땅을 빼앗기고 삶의 터전을 잃어버린 농민들은 일자리와 먹을 것을 찾아 서울로 모여들었다. 살 집이 없던 이들은 대부분 산비탈, 제방 등에 움집 같은 '토막'을 짓고 집단으로 생활했다. 땅을 파 토굴을 만들고, 그 위에 거적 따위를 얹어 만들었다. 이런 가난한 집들이 집단을 이루고 개량되면서 '달동네'가 탄생했다[한겨레신문, 2010.6.20]. **1927년 조선총독부가 파악한 토막민은 3000여명이었다. 이들은 주로 홍제동, 돈암동, 아현동, 신당동, 금호동 등지에 흩어져 살았다. 토막민은 1920~30년대를 거치며 급속히 늘어나 1942년에는 3만7000여명에 달했다.** 그러나 이듬해, 일제는 태평양전쟁이 막바지로 치닫던 틈을 타 토막민들을 구슬려 속이거나 강제로 징집해 일본 홋카이도나 사할린 탄광으로 징용해 감으로서 달동네 집단을 정리해 나갔다[손정목 ; 일제강점기 도시계획연구, 1996]. 해방과 한국전쟁을 겪으면서 서울의 무허가 주택은 더 늘어났다. 서울 남산 자락 밑에 자리한 **우리나라 공식 1호 달동네 판자촌인 '해방촌'(용산구 용산동2가)도 이 때 형성됐다.** 이 시기의 무허가 집들은 미군부대에서 흘러나온 종이상자, 양철, 함석 등으로 만들어졌다. 특히, 이 가운데 미군들의 전투식량을 담은 '시(C)-레이션 박스'가 주요 자재였던 터라 무허가 판잣집을 하코(상자 · 箱)라는 일본말을 써 '하꼬방'이라고 불렀다. **전쟁에 따른 파괴와 상처가 복구될 무렵인 1950년대 말부**

터 서울의 인구는 폭발적으로 늘어났다. 피란민과 이농민들이 서울로 흘러들어와 도시빈민으로 전락했다. 이들은 도심에 무허가 판잣집을 짓고 생활했다.

이 과정에서 **박정희 군부는 1959년 미아리에 '정착지 사업'을 벌여 도심의 무허가 거주민들을 강제 이주시켰다.** 이 사업에 따라 1970년까지 상계동, 중계동, 도봉동, 창동, 쌍문동, 구로동, 사당동, 신림동, 봉천동, 가락동 등 서울 외곽지역으로 달동네가 확산됐다. 이런 달동네는 **1980년대 전두환 군부가 들어서면서 공영재개발과 합동재개발을 통한 불량촌 재개발 사업으로 하나둘 사라졌다.** 70년대 후반 건설붐을 타고 중동으로 눈을 돌린 건설자본이 당시 투입한 인력과 기술을 바탕으로 80년대 상계동, 사당동, 신당동 등 달동네를 하나하나 재개발해 나가기 시작했다. 하늘 아래서 가장 가까이 달을 볼 수 있고, 가장 먼저 달이 뜬다는 뜻의 '달동네'라는 말도 이때부터 유행했다. 재개발로 하나둘 사라져가던 **서울의 달동네들은 2002년부터 이명박 서울시장이 재개발사업을 벌리면서 빠른 속도로 없어져갔다.** 재개발사업은 '뉴타운'사업형태로 추진됐다. 은평, 왕십리, 길음, 아현, 돈의문, 영등포, 노량진 등 서울시내에 남아 있던 달동네 대부분이 여기에 포함됐다. 뉴타운 사업은 불량주택 정비라는 측면에서 긍정적 대목이 있으나, 세입자 문제, 집값 · 땅값 폭등, 고층 아파트 일변도의 주택 공급 등 수많은 사회 문제를 낳았다. 달동네가 차지하는 지역은 대부분 산등성이거나 산자락 아래 또는 고지대였다. 이미 산림은 거의 완전하게 파괴된 지역으로 판자촌이 밀집하였거나 허름한 집들로 가득 채워졌다. 한국의 도시 형성은 도시계획에 의해 그려지기보다는 주택을 개선하는 수준이었다. 도시미관과는 거리가 멀었다.

부록 11 토지거래허가구역

한국에는 토지거래허가구역이라는 제도가 있다. **토지거래허가구역은 지가가 단기 급등해 땅 투기가 성행하거나 그럴 염려가 있는 곳을 선별해 정부나 지자체가 지정하는 규제 지역을 말한다.** 다시 말해서 지난 수십 년 동안 부동산 열기가 전국을 휩쓸고 다녔던 시절 지가 급등과 땅 투기를 막기 위해 공공기관이 지정하는 구역을 설정한 것이다. **시장논리가 더 이상 통하지 않게 잠정적으로 국가가 통제하고 있는 특별한 곳이다. 1979년 처음 도입됐고 해마다 갱신한다.** 주거용지 180㎡, 상업용지 200㎡ 등 일정 규모 이상 토지거래 땐 사전에 시·군·구청장 허가를 받아야 한다. 그러나 근래 몇 년 사이 부동산시장이 극도로 침체하는 양상을 띠고 있다. 여전히 아파트 분양가는 평당 1000만원~3000만 원대의 고가를 유지하고 있으면서도 실종된 거래가 장기간 계속되고 있는 것이다. 부동산 경기가 장기화되면서 국민경제전반이 휘청거리고 있다. 이제 이 상태를 더 이상 두고 볼 수 없다는 상황에 공감하는 것 같다. 다시 고우스톱 Go-Stop 정책을 꺼내들고 있다. 최근 부동산 경기 불황으로 전국 각지에서 진행 중인 각종 개발 사업이 줄줄이 좌초되고, 토지 거래량이나 가격도 바닥 수준이어서 정부가 더 이상 규제할 명분이 없다고 판단한 것이다. 새 정부 출범을 전후해 전국 토지거래허가구역을 풀겠다고 한다. 전국 토지거래허가구역 가운데 80~90%가 대거 해제돼 땅을 사고팔기가 한결

수월해질 것으로 보인다. 해제 면적은 800~900㎢로 여의도(8.35㎢)의 100배에 육박할 것으로 전망된다. 토지 분야의 가장 큰 규제대못이 사실상 뽑히는 셈이다. 그러나 땅값이 수년째 '나홀로 상승세'를 보이는 세종시 일대, 보금자리지구나 신도시 주변 등 투기 가능성이 상존하는 지역은 거래허가구역으로 계속 묶인다. 정부는 지난해부터 일선 지자체에서 건의한 지역 등을 중심으로 전국 토지거래허가구역 해제 대상과 규모를 선별 중이다. 발표 시기는 새 정부 출범 전후 검토 중인 것으로 알려졌다. "상당수 지자체들은 전면 해제를 요구하고 있는 상황"이며 "토지거래허가구역 지정 목적인 투기 가능성이 현저하게 줄어 일부 개발 압력이 높은 곳을 빼곤 대거 해제를 검토 중"이다. 부동산 경기 침체의 골이 깊어지고 있는데 오랜 기간 토지거래허가구역으로 묶여 불편을 겪는 주민들 고충을 덜어주자는 차원이다. 이번 조치는 박근혜 당선인 지시로 범정부 차원에서 마련 중인 주택시장 정상화 대책처럼 부동산 경기를 활성화하자는 측면도 있다. 다만 최근 땅값 상승률이 높은 지역 등 개발 압력이 높은 곳은 풀리기 어려울 것으로 보인다.

현재 국토부가 지정한 전국 토지거래허가구역은 1098.7㎢로 여의도 면적의 130배에 달한다. 용인 등 택지개발이 활발한 경기도가 379.1㎢로 가장 많다. 다음으로 경남(191.5㎢), 서울(158.5㎢), 인천(134.7㎢), 부산(92.4㎢), 대전(54.9㎢) 등 순이다. 정부는 규제완화 차원에서 지난 2008년 말 1만9149㎢에 달했던 토지거래허가구역을 해마다 풀어 4년 새 20분의1 수준으로 대거 줄였다. 이외에 일선 시·군·구청 등 지자체가 자체적으로 지정한 토지거래허가구역도 현재 658.2㎢가 남아 있다. 평창동계올림픽 개최 예정지 일대 등 강원이 86.8㎢로 가장 많고 대구(44.6㎢), 부산(37.2㎢), 서울(28.7㎢) 등 순이다. 일선 지자체장들도 규제완화 차원에서 뉴타운·택지지구 해제 지역 인근 등 개발 압력이 사라진 곳은 가급적 풀겠다는 방침이다. 이에 따라 평창동계올림픽 예정지 주변 등 일부를 제외하곤 이 지역들도 순차적으로 풀릴 가능성이 커 보인다. **토지거래허가구역에서 풀리면 일정 규모 이상 토지를 사고 팔 때 시·군·구청에서 사전허가를 받을 필요가 없고, 반드시 실수요자만 살 수 있다는 족쇄도 풀린다.** 또 매수자가 2~5년 내 애초 허가받은 용도대로 토지를 사용해야 한다는 규제도 배제돼 손쉽게 건축이나 개발 사업을 할 수 있게 된다[매일경제, 2013.2.3.].

부록 12 도시계획시설

우리나라 정부는 계획기간 내에 실천하지도 못하면서 개인 재산을 공익목적으로 묶어 놓은 토지 등 부동산들이 많다. 정부와 지방자치단체가 도로, 공원, 녹지 등 공공시설 건설을 위해 고시한 도시계획시설 중 10년 이상 사업이 진행되지 못한 시설로 묶여있는 토지가 많다. **가장 큰 문제는 공공목적을 위해 도시계획시설로 지정되면 해당 토지 소유자는 보상을 받지 못한 채 토지를 원래 허용된 용도대로 이용할 수 없게 돼 재산권 행사를 제한당 한다.** 전국 광역 지방자치단체에 2020년 **'장기 미집행 도시계획시설 일몰제'** 시행을 앞두고 비상이다. 도로, 공원 등 도시개발을 위해 행정적으로 묶어놓은 사유지가 이때부터 잇따라 해제되면서 사전 지정한 사업을 위해서는 보상이나 매입을 해야 하지만 막대한 예산 때문에 각 시 · 도는 엄두를 못 내고 있다. 그나마 살림이 나은 서울시는 2020년까지 6조원을 투입한다는 보상계획을 최근 들어 세웠지만 이 정도로는 턱없이 부족하다. 서울시는 2020년까지 도심 공원 조성 예정지 및 난개발이 우려되는 장기 **미집행 도시계획시설** 가운데 사유지 10.6㎢에 대해 6조2161억 원으로 1차 보상을 하겠다는 계획을 세웠다. 시는 이달 중순께 구체적인 보상 계획을 논의해 내년부터 보상예산을 특별회계에 반영할 예정이다. 서울시가 이 같은 보상계획을 마련한 건 2020년부터 도시계획시설 결정 후 10년이 지난 장기 미집행 시설의 경우 효력이 자동 상실되는 '도시계획시설 자동 실효제'가 시행되기 때문이다.

정부는 장기화되는 **미집행 도시계획시설로 인한 개인 재산권 피해**를 최소화하기 위해 지난해 **국토계획법**을 개정했다. 이에 따라 각 지자체는 예정된 사업을 계속 추진하기 위해선 토지 소유자에게서 해당 부지를 바로 사들여야 한다. 장기간 도시계획시설로 지정해둔 채 사업을 계속 미루면 재산권 피해를 입은 소유주에게 보상을 해야 한다. **2011년 기준 전국의 장기 미집행 도시계획시설은 여의도 면적의 318배인 921.9㎢에 달한다. 이 중 70%가 넘는 660.9㎢가 사유지다.** 지자체가 의욕적으로 도시계획은 세웠으나 열악한 재정 형편으로 예정된 사업을 추진하지 못하면서 사업예정지는 계속 늘어왔다. 도시계획시설 일몰제가 7년 앞으로 다가왔지만 서울시 이외 다른 지자체는 장기 미집행 계획시설에 대한 매입이나 보상 수단은커녕 매입비 규모조차 파악하지 못하고 있다. 사업계획만 잔뜩 세웠을 뿐 재원 마련을 등한시해온 것이다. 서울의 장기 미집행 도시계획시설 중 사유지는 여의도 면적의 15배에 달하는 44.6㎢다. 시가 추산하는 총 보상비용은 공시지가와 최근 3년간 감정평가 평균에 근거해 최대 23조원으로 추산한다.

부록 13 미분양 예비비

지난해 초 왕십리뉴타운 3구역 조합은 재개발 시공사부터 당혹스러운 요구를 받았다. 조합원이 내야 할 추가 분담금에 추가로 1314억 원을 보태지 않으면 공사 계약을 맺을 수 없다는 것이었다. 이 돈의 명목은 **미분양 예비비**. 만약 아파트 일반분양에서 미분양이 나오면 이걸로 판촉을 하겠다는 게 시공사 설명이었다. **조합원은 분양이 잘 되면 돌려받을 수 있다는 생각으로 받아들였던 추가 분담금이었다.** 최근 수도권 재개발 사업장에서 '미분양 예비비' 또는 '미분양 대책비'라는 생소한 비용이 분쟁을 낳고 있다. **미분양 예비비는 재개발 지역에 짓는 새 아파트가 안 팔릴 경우를 대비해 미리 잡아놓는 예산이다. 미분양 판촉이나 분양가 할인 등에 들어갈 돈을 조합에 미리 청구하는 것이다.** 예를 들어 분양가 10억 원인 대형아파트 100가구가 팔리지 않아 2억 원씩 할인 판매한다면 이때 발생한 손실분 200억 원은 이 예비비로 부담하게 된다. 미분양 예비비는 주변 단지시세나 분양상황, 아파트의 면적구성, 상가분양률 등을 복합적으로 고려해 추산한다. 조합원들은 추가 분담금을 낼 때 이 비용을 포함해 지급하고 건설사가 예비비를 남겼다면 조합청산 때 돌려받도록 되어 있다.

이 예비비용이 생겨난 것은 아파트 일반분양가에 대해 조합과 시공사가 서로 다른 생각을 갖고 있기 때문이다. 미분양을 피하려 하는 건설사는 일반분양가를 낮추길 원하지만 조합은 분양가가 높을수록 좋다. 분양가를 낮추면 전체 분양수입이 줄어들어 그만큼 조합원들의 부담은 커진다. 조합원들이 분양받은 아파트의 시세도 낮춘 분양가 이상을 기대하기 어렵게 된다. 이렇기 때문에 분양가는 조합이 원하는 쪽에 가깝게 정하는 대신 미분양에 대한 책임 비용을 조합이 지도록 한 것이다. 건설사들은 이 비용을 사실상의 공사비 보증금으로 보고 있다. 최근 미분양아파트 처리 문제로 사업비가 증가해 공사비를 제때 주지 못하는 조합이 많이 발생하고 있다. 계약서에 관련 비용을 미리 반영하면 공사비 회수에도 도움이 된다는 것이 건설사 입장이다[이데일리 박종오 기자, 2013.1.31.].

부록 14 자산관리공사 부실자산 매입

자산관리공사(캠코)는 은행 보험 증권사 등 금융권이 보유한 PF(프로젝트 파이낸싱) 대출 가운데 '악화 우려'로 분류된 165건의 부실자산을 매입했다. 악화 우려 사업장의 대출채권 규모는 4조7000억 원과 저축은행의 부실 우려 대출액 1조7000억 원[2008년 말]을 합산하면 부실가능 규모는 총 6조4000억 원이다. 이와 관련해 캠코는 4월 말부터 부실이 우려되는 PF부터 적정 할인가로 매입하고, PF 정리 결과에 따라 사후 정산한다. 정부는 또 대한주택보증과 주택공사의 미분양 펀드와 **주택금융공사의 회사채 유동화**와 관련해 지원받을 수 있는 대상을 기존 '**준공 전 미분양**(1월 말 기준 4만8534가구)'에서 '**준공 후 미분양 아파트**(11만4159가구)'까지 확대했다. 미분양 아파트가 2009년 1월 말 기준 16만2693가구로 경기 활성화에 큰 부담이 되고 있다고 판단했다. 이번 방안의 핵심은 건설업체의 **자산유동화 상품**이나 리츠·펀드 등 관련 투자 상품에 대한 공적기관의 보증을 강화한 것이다. 특히 준공 전 미분양 아파트에 대한 공적 보증이 이뤄졌다. 미분양 가운데 70%가량인 11만4159가구가 준공 전 미분양인데 이를 공적보증에 포함시킨다는 것이다.

구체적인 내용을 보면 우선 **자산유동화 구조**를 활용한 미분양 투자 상품이 제시됐다. 이 방식을 활용하면 건설사는 공적 신용보증기관(**한국주택금융공사**)에서 신용 보강을 받아 채권(회사채 등)을 유동화해 자금을 조달하게 된다. 미분양 주택은 신탁 방식을 활용해 신용보증기관에 담보로 제공된다. 리츠나 펀드를 활용하는 미분양 투자 상품도 제시했다. 투자자의 출자·대출 등으로 자금을 조달해 리츠·펀드를 설립하고 건설사에서 미분양 주택을 할인 매입하는 방식이다. **대한주택보증**은 조달된 자금을 관리해 사업장에 투입하고, 건설사 부도 때는 공사 완공을 책임지는 분양보증을 제공하게 된다.

건설사가 모두 부도가 나는 등 극단적인 상황만 아니라면 주택보증기금에 영향을 주지 않는데다 리츠 등이 미분양 펀드를 매입할 때는 할인 매입하므로 손해가 날 가능성은 없다. 정부는 앞으로 **주택금융공사, 대한주택보증, 대한주택공사** 등으로 별도 협의체를 구성해 공식적으로 투자안을 접수해 지원 규모와 세부 조건을 확정하고 매입 대상 물건을 선정해 투자자를 모집하는 등구체적인 준비를 끝내기로 했다.

이와 관련해 "공적기관 간 이해득실로 인해 미분양 아파트에 대한 민간투자가 활성화되지 못했는데 이번에 조정이 이뤄졌으며 궁극적으로 미분양 해소의 길이 열린다. 그러면서도 사업성이 없는 미분양 아파트는 매입이나 펀드 대상이 되지 않고, 결국 수도권이나 개발이익이 창출된 곳에만 집중되는 등 선별적인 매입이 불가피한 것"으로 전망했다[매일경제, 2009.3.30.].

부록 15 상가 투자 주의사항

부동산 고수들도 까다로워 하는 분야가 상가다. 워낙 변수가 많아서다. 분양받을 때 다르고, 입점할 때 다르고, 장사를 잘 하다가도 경쟁 상권이 생기면 또 달라진다. 같은 건물이라도 층에 따라, 같은 층이라도 업종에 따라 희비가 엇갈린다[한국경제신문, 2010.11.14.]. 다른 부동산에 비해 투자 리스크도 높다. 꼼꼼히 따져보지 않고 무턱대고 점포를 구입했다가는 시세차익은커녕 관리비 내기도 벅차다. 하지만 투자 수요가 끊이지 않는 것도 상가다. '쪽박'의 두려움을 상쇄하고도 남을 정도로 매력이 적지 않아서다. **수익성 있는 상가는 은행 금리보다 2배 이상 높은 연 7~8%의 임대수익을 안겨다준다.** 주택과 달리 규제도 덜하고 분양받기도 쉽다.

'고수익-고위험'시장인 상가 투자에서 성공하는 '고수'들의 공통점은 뭘까. 고수일수록 투자 수익률을 무리하게 잡지 않는다. 자신이 정한 기준과 원칙에 부합하는 상품만 고른다. **상가 고수는 명성이 입증된 점포를 분양받아 2~3개월 안에 프리미엄을 받고 되판다.** 고수들은 주변에서 가장 먼저 투자처를 찾는다. 살고 있는 아파트 단지나 출퇴근길 지하철 역세권 주변을 관찰하다 목 좋은 상가가 급매로 나오면 매입하는 식이다. 고수들은 현장에 나가 고객의 입장에서 점포를 살핀다. 상가가 유동인구의 주요동선 상에 위치해 있는지 등을 꼼꼼히 체크한다.

투자를 결심한 뒤에도 리스크 줄이기에 최선을 다한다. 고수들은 어떤 경우에도 대출 비중을 40% 이상 넘기지 않는다. 좋은 상가를 골랐더라도 대출 비중이 높으면 갑자기 부동산 경기가 침체됐을 때 위기를 맞을 공산이 크기 때문이다. 투자에 앞서 철저한 분석이 필요하다. 일반인들은 상가 고수들도 수익률을 낮춰 잡고 현장분석과 업종 전문가 등과의 상담을 통해 실패를 줄이려는 노력을 기울인다.

최근 분양상가 공급이 활기를 띄면서 상권 및 입지분석 못지않게 계약서 작성 시에도 주의가 요구된다[2009.4.13, 상가정보연구소]. 분양계약서 내용을 제대로 이해하지 못해 사후 상가 공급주체와 불필요한 체력 소모전으로 빠질 수 있기 때문이다. **특히 사전 예방차원에서 상가 투자금 회수 타이밍과 밀접한 입점 예정일과 계약 해지 조건 등은 꼼꼼히 따져봐야 한다.** 공정거래위원회가 제시한 **상가 분양계약서 표준약관**의 내용만 숙지해도 분양계약서 내용상 불리한 조항 여부를 쉽게 파악할 수 있다. 우선 상가투자의 목적인 투자금 회수와 관련해 입점 예정일 표기에 있어 **공정위 표준약관**에는 연월로 명시했다. 따라서 실제 분양계약서상에는 막연한 입점예정 표기는 없는지 살펴봐야 한다. 이와 관련해 공정위 약관에는 천재지변 또는 '갑'의 귀책사유에 의하지 아니한 행정명령 등의 불가항적인 사유로 인해 입점이 지연될 경우 지체상금에 대해 적용하지 않지만 '갑'의 귀책사유로 인해서는 지체상금 지급 또는 잔여대금에서 공제한다고 했다.

계약해제와 관련해서도 제5조는 '을'은 당초 '갑'의 귀책사유로 인해 입점이 당초 입점예정일부터 3월을 초과해 지연된 경우 계약 기간 중 '갑'의 계약이행이 불능하게 된 때에는 본 계약을 해제할 수 있다. 계약 해제 시 위약금 범위 또한 '을'과 '갑'이 상대에게 분양대금 총액의 10%로 명시해뒀다. 그밖에 계약자들에게 중대한 영향이 미치는 설계 변경 시에는 분양자 전원에게 동의하도록 건분법은 규정해두고 있어 이와 관련 계약해지 조건 명시 여부도 업체 측에 묻고 따져보는 것이 좋다. **수익보장, 임대보장 등 특별한 약속사항에 있어서도 구두협의만으로는 법 보호로부터 취약할 수밖에 없다.** 무엇보다 투자자들은 계약 체결에 앞서 계약서 내용 검토를 충분히 해두는 것이 좋다[상가정보연구소 박대원 소장].

상가 신규 분양과 임대 분양은 시행사의 안정성 체크가 중요하다. 상가를 분양받는 방법은 두 가지다. 바로 **등기 분양과 임대 분양이다. 등기 분양은 상가의 한 매장을 자신의 소유로 구입하는 것이며, 임대 분양은 간단히 말해 점포 사용권을 얻는 것이다. 등기 분양**은 초기 구입비용이 부담이 되지만 재산권 행사가 자유로울 뿐만 아니라 장사만 잘된다면 자산 가치 증식 면에서도 유리하다. 그러나 향후 장사가 잘 되지 않는 상가가 되면 애물단지로 전락하는 위험도 있다. 임대 분양은 오랫동안 장사를 안정적으로 할 수 없다는 단점은 있지만, 초기 투자비용이 저렴하고 계약 연장을 하지 않으면 보증금을 돌려받을 수 있기 때문에 원금손실이 없다는 점이 매력적이다. **등기 분양**은 아파트 단지 내 상가나 근린상가에, 임대 분양은 테마 상가나 복합 상가, 쇼핑몰 등에 하는 게 일반적이다[아이엠리치, 박상언컬럼니스트, 작성일 2011.3.16].

각각의 장단점은 다르지만, 투자 결정 시 상권 분석은 필수적이며 시행사의 안정성을 무엇보다 점검해야 한다. 상가는 대지 지분이 아주 작기 때문에 시행사가 완공 전 부도나게 되면 투자 원금을 찾을 방법이 거의 없다. 믿을 만한 건설회사가 시공하는 상가를 분양받거나 상가 건물을 여러 번 분양한 경험이 있는 시행사를 선택하는 길이다. 특히 임대 분양에서 상가활성화의 여부는 시행사의 능력에 달려 있다. 마지막으로 **테마 상가나 쇼핑 몰의 경우**는, 과도한 상가 개발비를 주지 않도록 잘 따져 봐야 하며, 상가 매도나 계약 해지 시 반환 여부도 사전에 알아 봐야 한다. 상가 개발비는 분양대금 외에 시행사가 인테리어비나 홍보비 명목으로 거둬들이는 준 분양대금을 말하며, 몇몇 상가들이 과도한 상가개발비를 받은 후 사용처를 밝히지 않음은 물론 관행적으로 반환하지도 않고 있어 말썽을 빚고 있다. 그러나 **상가 투자는 수익성이 높은 만큼 위험성도 크다.** 투자 전 반드시 상권분석을 치밀하게 해야 하는 등 일반인들이 투자 결정을 내리는 데는 어려움이 많다. 게다가 요즘에는 전반적인 경기 침체로 인하여 **상가의 공실률과 매출 하락**이 눈에 띄게 늘어나고 있어 그 어느 때보다 선택에 신중을 기해야 한다. 분양 받기 전 철저한 수익율 검증이 필요한 시점이다. 가령, 저렴한 **건설사 집단담보 대출**(4 ~ 5%)을 이용하고 부가가치세 환급으로 임대수익율을 끌어올리는 식이다. 하지만 집단담보 대출은 대부분 변동금리형태이기 때문에 금리상승기에는 수익율이 떨어질 수 있다는 점을 체크해야 한다.

부록 16 중개업자의 손해배상

공인중개사에 의뢰한 부동산 거래에서 사고가 발생할 경우 계약 당사자는 1억 원까지 배상받을 수 있는 공인중개사의 업무 및 부동산 거래 신고에 관한 법률 시행령 및 시행규칙 개정안이 2013년 말 시행된다[서울 = 연합뉴스, 서미숙 기자, 2012.2.21.]. 현재 부동산 거래는 중개업자가 매도인·매수인 등 소비자에게 고의나 과실로 손해를 입힌 경우 중개업소당 연간 1억 원(법인은 2억 원) 한도 내에서 배상하고 있어 한 해 동안 여러 건의 사고가 발생하면 제대로 배상받지 못하는 문제가 있었다. 이에 따라 중개업자가 개인 혹은 법인일 경우 무조건 부동산 거래 건당 최소 1억 원을 보장하는 공제나 보증보험에 가입하도록 의무화했다.

그동안 중개업자는 협회에 연 22만원의 공제료를 납부하고 1년간 1억 원까지 보장을 받아왔지만 앞으로는 계약 건별로 공제 또는 보증보험에 가입해야 한다. 개정안이 시행되면 앞으로 중개업자가 한 해에 여러 건의 중개 사고를 내더라도 피해자는 각자 1억 원까지는 배상받을 수 있게 된다. 중개 대상물의 거래 가격이 1억 원 미만일 경우에는 실제 거래 금액이 배상액이 된다. 부동산 중개업 관련 민원서류도 간편해진다. 종전에는 중개업자가 중개사무소를 개설하거나 공인중개사를 고용하면 공인중개사 자격증 사본을 시·군·구청에 제출해야 했지만 앞으로는 이를 제출하지 않아도 된다. 개정안은 또 외국인이 중개사무소를 개설하거나 중개업소에 취업할 때도 신분 확인 등의 절차를 간소화했다. 민원서류 간소화 조치는 금년 6월중 시행된다.

부록 17 전세 구입 시 주의 사항

기본적으로 임대차 계약을 할 때는 집주인을 직접 만나는 게 좋다. 최근 임대 계약을 위임 받은 중개업자나 건물관리인이 임대인에게는 월세 계약을 했다고 속이고 임차인과는 전세계약을 해 전세보증금을 가로채는 사기 유형이 있다[중앙일보, 2011.2.23.]. 신규 입주단지도 중개업소를 통해 계약이 진행되는 경우가 많은데 건설사 등을 통해 계약자 확인 작업을 반드시 한다. 계약자가 다른 저당금액이 있는지 등을 꼼꼼하게 확인한다. 신규 단지가 아니라면 대법원 인터넷등기소(www.iros.go.kr)와 대한민국전자정부(www.egov.go.kr) 사이트를 활용해 등기부 등 집주인 정보를 확인한다. 등기부를 보면 소유권자와 저당금액 등 기본적인 정보를 알 수 있다.

부인이나 자녀 등 대리인이 계약자로 나왔다고 해도 본인에게 반드시 확인해야 한다. 등기부에 저당금액이 많은지 확인한다. 저당금액이 집값의 30% 이상이면 나중에 문제가 생겨 경매로 넘어갈 경우 전세보증금을 다 받지 못할 수 있으므로 계약 여부를 신중히 결정한다. 특히 주변 시세보다 많이 싸거나 거래조건이 좋을 때는 해당 건물의 권리관계 등을 더 자세히 확인하고 하자 여부도 꼼꼼히 살펴본다. 전세를 구해 집 열쇠를 받았다면 즉시 동사무소에서 전입신고를 한다. 임대차계약서상에 확정일자를 받아 놔야 나중에 경매로 넘어가는 경우 우선변제권을 가질 수 있다. 계약금을 둘러싼 분쟁도 자주 생기는데 보통 거래금액의 10%이며 일단 계약을 체결한 뒤 하루가 지나지 않아도 파기하면 책임을 져야 한다. 계약할 때 당장 발생하는 일은 아니지만 통상 계약이 완료되는 한 달 전 집주인과 임차인이 별다른 말이 없으면 자동 연장되는 것으로 본다는 점을 주의한다. 집주인은 2년 임대차 기간 동안 마음대로 집을 나가라고 요구할 수 없지만 임차인은 언제든 해지 통보를 할 수 있고 3개월 이내 집주인이 보증금을 줘야 한다는 점도 기억해 두자.

부록 18 부동산 투자 시 고려사항

우리가 아파트에 투자할 때에는 금리, 물가변동률, 수익률, 기회비용 등을 고려하여 투자가치를 따지는 것이 높은 수익을 올릴 수 있다. 부동산 가격이 오르는 시점에서 투자할 경우, 고려할 점은 다음과 같다.

3억 원짜리 아파트 분양	
1. 입주 때까지 금융비용을 산출한다. 대출이자율 수시 변동 시 연 5% 이율	1,650,000
2. 세금과 등기비용을 고려한다. 분양가의 6.5% 선	1,950,000
3. 발코니 세시 설치비용을 계산한다. 설치비용은 4백만~1천만 원 정도	10,000,000
4. 중개수수료 등을 고려한다.	1,000,000
	14,600,000

예컨대 3억 원짜리 아파트 분양받은 경우를 생각해 볼 때 금융비용을 연 5.5%를 잡으면 입주 후(2~6개월~3년)의 가격이 3억5천만 원~3억6천만 원이 돼야 본전이 된다. 따라서 분양 초기에 웃돈을 주고 삼 경우, 투자비용을 건지기가 쉽지 않다[중앙일보, 2001.10.4].

다음은 오피스텔 투자에서 얻을 수 있는 오피스텔 임대수익률을 계산해 보자. 오피스텔의 임대수익률은 매입시세가 높아지면 갈수록 떨어진다. 예를 들면 2010년 말 기준 서울 시내 오피스텔의 임대수익률은 5.73%로, 2006년 6.54% 이후 4년 연속 하락했다. 임대수익률=

1년 동안의 월세수입/(매매가-월세보증금=매입비용). 연간 임대수익률=12개월×월세 30만원/(매매 값 1억 원-월세보증금 1천만원=매입비용 9천만 원)=연간 월세수입 360만원/매입비용 9천만원=0.04(4%)[부동산114 조사결과, 연합뉴스, 2011.1.27.].

2010년 말 기준 서울 시내 오피스텔의 임대수익률은 5.73%로, 2006년 6.54% 이후 4년 연속 하락했다. 이는 최근 부동산 경기 침체가 시작되면서 매매 값은 내려갔지만 아파트의 전·월세 가격은 강세를 띠면서 그 여파로 오피스텔의 인기가 올라가 오피스텔의 매입시세가 꾸준히 올랐기 때문이다. 2008년을 전후해 부동산 경기 침체가 시작되면서 아파트의 전·월세 가격은 강세를 나타냈고 매매가는 내려갔지만, 오피스텔은 불황 속에 안정적인 임대 수익을 거둘 수 있는 상품으로 주목받으며 매입시세가 꾸준히 올라갔다. 지난해 전국 오피스텔 매매가격은 전년 말 대비 2.47% 상승했다. 1.01% 하락을 기록한 아파트와는 대조적인 모습이다[부동산114, 연합뉴스, 2011.1.27].

1~2인 가구가 늘면서 오피스텔을 소형 주택처럼 쓰는 비율이 증가했고, 바닥 난방 허용 면적이 늘어나는 등 주거용의 성격이 점점 짙어지고 있는 것도 최근 전세난 속에 수요를 부추겼다. 아파트 전세난을 피해 오피스텔을 찾는 세입자들이 늘면서 수급 불균형이 심해져 가격이 앞으로 더 오를 수 있을 것으로 예상한다. 또한 장기적으로 오피스텔과 아파트의 구분이 희미해질 것으로 내다보고 있다[부동산114 조사결과, 연합뉴스, 2011.1.27].

2008년부터 회복세를 보이기 시작한 아파트의 임대수익률은 지난해 3.16%로, 오피스텔과의 격차는 2.5%대에 그쳤다. 지난해 지역별로는 오피스텔의 경우 성북구(7.83%), 은평구(7.07%), 동대문구(6.94%). 강북구(6.80%), 금천구(6.71%) 등 매입 시세가 낮은 곳의 임대수익률이 좋았다. 아파트는 중구(3.82%), 종로구(3.75%), 서대문구(3.61%) 등 업무지구가 있는 도심이나 은평구(3.54%), 성북구(3.44%), 관악구(3.43%) 등 매매가격이 싼 지역에서 세를 준 아파트가 높은 수익을 올린 것으로 나타났다. 이밖에 강남구(3.29%)와 서초구(3.28%)의 아파트는 비싼 시세에도 평균보다 높은 임대수익률을 기록했으나, 영등포구(2.71%), 양천구(2.67%), 송파구(2.64%) 등 매매가격이 높은 주거 밀집지역은 임대수익률 면에서 최하위권을 형성했다. 최근 5년간 서울 지역 오피스텔 · 아파트 임대수익률 추이는 다음과 같다.

	2006년	2007년	2008년	2009년	2010년
오피스텔(%)	6.54	6.45	6.13	5.93	5.73
아파트(%)	3.26	3.10	2.97	2.99	3.16
격차(%P)	3.28	3.35	3.16	2.94	2.57

국세청의 상업용 건물, 오피스텔 기준시가에 따르면 고급오피스텔 카일룸 3차의 3.3㎡당 기준시가는 1,415만원으로 전국 오피스텔 중 경기도 정자동의 타임브릿지(1,493만원)과 서울 도곡동의 타워팰리스 G동(1,429만원)에 이어 3번째로 높은 가격이다. 하지만 275㎡ 이상의 경우 실거래가는 3.3㎡당 4,000만원~6,000만 원선으로 초고가 오피스텔이다[뉴스엔, 2011.1.4.].

부록 19 토지 투자 시 고려 사항

토지 투자 시, 다음과 같은 7가지 사항을 점검할 필요가 있다.

첫째, 관련 정부부서를 이용하라. 일부 전문 부동산업자들의 경우 확실한 개발계획이라며 부동산 매수대상자에게 물건을 권한다. 이때는 개발계획 및 관련 자료들은 매수자가 직접 해당관청이나 관련 정부부서에서 확인해야 한다.

둘째, 장래성을 봐야 한다. 일부 부동산 투자자는 가격상승을 기대하고 맹목적으로 투자한다. 투자자는 자신이 투자하는 곳의 정부개발계획이 어떻게 되어 있고 자신은 어떻게 이용하겠다는 계획을 세워 장기로 투자하여 수익을 기대해야 한다. 따라서 개발계획으로 이미 가격이 크게 오른 곳보다는 지금은 별 볼일이 없으나 개발된 이후에 빛을 발할 수 있는 곳이 좋다.

셋째, 발로 뛰어야 한다. 부동산 소개업자의 말만 듣고 해당 관청에서 지적도와 등기부등본, 토지대장만을 근거로 토지에 투자하면 안된다. 직접 매입하고자 하는 토지를 현장답사를 통해 확인해야 한다. 매입하려는 토지가 지적도와 동일한지, 주변에 혐오시설이 있는지 등 눈으로 확인하고 주민들이나 현지 부동산 업자에게 물은 후 매입해야 한다.

넷째, 기반시설과 주변 환경이 중요하다. 택지개발 예정지구상 토지는 현재는 이용도가 낮지만, 보통 구획정리가 잘되어 있어 나중에 이를 개발 시 토지이용 계획이 용이하다. 반면 진입로가 확보되지 않은 임야, 전, 답이나 주변에 높은 산이나 축사, 공원묘지, 공장 같은 시설이 있는 경우에는 피하도록 한다.

다섯째, 처분이 자유로워야 한다. 법률에 근거한 토지거래 허가지역 내 토지인 경우에는 본인이 희망하는 대로 개발하기도 어렵고 처분하기도 힘들다는 점을 고려해야 한다. 또한 개발예정지는 투자 매력이 높으나 정부가 특정목적 아래 수용을 할 경우 공시지가 등에 준하여 보상을 하므로 손해를 볼 수 있다. 장기로 기대수익을 가져가더라도 당장 처분하여 현금화할 수 있어야 하며 만약의 경우 정부가 수용하더라도 손해를 크게 보지 않는다는 계획이 있어야 한다.

여섯째, 시가 추정이 어려운 땅은 피한다. 전문 부동산 업자가 특정지역의 지방 땅을 대규모로 매입한 뒤 이를 잘게 쪼개 수십 명의 직원을 동원해 파는 땅은 시가 추정하기가 어렵다. 특히 지방 땅의 경우는 현장 답사를 하고 거주민이나 해당지역의 부동산 업자에게 물어도 시가를 정확히 알 수 없다. 시가추정이 어려워 주변보다 몇 배로 부풀려진 가격에 구입하지 않도록 주의해야 한다.

일곱째, 레버리지 효과를 크게 믿지 말라. 토지는 단기간에 수익이 나지 않는다. 투자기간을 장기로 세워야 한다. 따라서 막연히 레버리지 효과를 믿고 대출을 받아 땅을 매입하면 땅값이 오른 것보다 내야 할 이자가 더 커져 곤란을 겪을 수 있다.

부록 20 | 부동산 시장논리란?

부동산도 다른 상품처럼 공급자(기업), 수요자(구입자)가 부동산시장에 참가하여 거래한다. 수요자는 부동산 상품을 구매(투자)하고 공급자는 부동산을 생산 판매한다. 일정 기간 동안 부동산에 대한 수요가 부동산가격과 해당 가격 이외의 다른 자산 가격, 소득수준, 부동산 선호, 부(富)의 크기에 의존한다면 다음과 같은 함수로 나타낸다. : $D_{n/t} = D(P_n,\ P_1\ P_2\ P_{n\text{-}1},\ Y,\ U,\ W,\ X,\ P_e)$. 식은 부동산수요함수이다. 상기 식에서 $D_{n/t}$는 t기간 동안 부동산(D_n)의 수요를 표시하고 P_n은 해당 부동산가격, P_1 P_2 은 부동산 이외의 다른 상품 가격들, P_e는 미래 부동산 가격 , Y는 소득, U는 부동산 선호, W는 부(wealth), X는 경제정책 변수이다.

부동산 수요는 시장의 부동산가격에 대해 감소함수 관계에 있다. 부동산수요는 여러 요인에 영향을 받는다. 부동산 재화에 미치는 요인들 가운데 해당 재화의 가격 P_n을 제외한 다른 요인들은 일정불변(other things being equal)이라고 가정하면 수요함수는 재화의 수요와 해당 재화의 가격간의 관계로 다음과 같이 표시한다 ; 부동산 수요함수 $D_{n/t} = D(P_n,\ \bar{P}_1\ \bar{P}_2\ \bar{P}_{n\text{-}1},\ \bar{Y},\ \bar{U},\ \bar{W})$. 여기서 다른 요인이 일정불변이라는 가정은 $\bar{P}_n,\ \bar{P}_1\ \bar{P}_2\ \bar{P}_{n\text{-}1},\ \bar{Y},\ \bar{U},\ \bar{W}$으로 표시했다 ; $D_{n/t} = D(P_n)$. $D_p \langle 0$. 일정 기간 동안 부동산수요 D_n와 부동산 가격 P_n간의 관계에서 부동산가격의 변화에 대한 부동산수요는 역함수 관계에 있다. 부동산 가격이 상승하면 부동산 수요는 줄고 부동산 가격이 하락하면 부동산 수요는 증가한다. 부동산수요곡선에서 가격변수의 변화와 수요곡선의 기울기는 다음과 같이 나타낸다; $+\Delta P_n \rightarrow -\Delta D_n \Rightarrow [+\Delta P_n / -\Delta D_n] < 0$ // $-\Delta P_n \rightarrow +\Delta D_n \Rightarrow [-\Delta P_n / +\Delta D_n] < 0$. 여기서 기호 $\pm\Delta$는 증가 또는 감소 변화를 의미한다. $+\Delta P_n$; 부동산가격 상승, $-\Delta D_n$; 부동산 수요 감소, $-\Delta P_n$; 부동산가격 하락, $+\Delta D_n$; 부동산 수요 증가를 나타낸다. **부동산 시장의 특성은 부동산수요가 연속 수요가 아니라 불연속 수요를 가진다. 일정불변으로 가정한 변수들의 해제는 수요곡선 자체를 이동시킨다. 장기 부동산 수요는 부동산가격 변동 시 단기 부동산 수요보다 크다. 부동산과 경쟁관계에 있는 다른 상품의 수요는 부동산가격 변화 시 정반대로 변화한다.**

여타 다른 요소는 일정하다는 조건하에서 부동산수요와 경쟁관계에 있는 다른 자산과의 관계를 살펴보자. 부동산 가운데는 서로 비슷한 부동산도 있고 지역과 환경, 품질 등이 다르지만 내용 면에서 별 차이 없는 부동산이 있다. 이러한 부동산들은 서로 경쟁관계에 있다고 볼 수 있다. 이러한 부동산들은 가격 변화에 매우 민감하게 움직이는 경쟁관계에 있다. 또한 부동산은 다른 금융자산과도 경쟁관계에 있다. 특히 부동산과 주식이 어느 경제국면에서 강한 경쟁관계에 있을 경우, 부동산 가격이 떨어지면, 경쟁관계에 있는 주식 수요량은 증가한다. **보완재 관계에 있는 부동산 수요는 부동산 가격 변화 시 동일 방향으로 변화한다.** 여타 다른 요소는 일정하다는 조건하에서 부동산 수요와 보완재(complementary goods) 관계에 있는 부동산 관련 산업과의 관계를 살펴보면 부동산과 관련 재화(유리 상품, 철강재, 시멘트 등)와 서비스(부동산 중개업, 부동산경매 등) 간에는 긴밀한 보완관계에 있다.

소득과 부동산 수요량은 정의 함수관계에 있다. 여타 다른 조건이 일정 불변하다는 조건하에서 소득(income)이 상승하면 부동산수요는 증가한다. 이를 소득효과(income effects)라 한다. 거시적으로 볼 때 경기가 좋아지면 부동산수요가 증가하면서 부동산가격이 오른다. **부동산 선호와 수요량은 정의 함수관계에 있다.** 한국 국민들은 부동산 선호가 매우 강하다. 한국에서는 부동산 선호가 중요하게 영향을 미친다. 선호의 강도에 따라 부동산 수요의 반응은 다르게 나타난다. **부와 부동산 수요는 동일한 방향으로 움직인다. 여타 다른 요소가 일정 불변하다는 가정 하에서 부동산수요와 부(wealth)간의 관계를 살펴보면 富가 많이 축적되어 있으면 있을수록 부동산수요는 증가하고 반대로 부의 축적이 작으면 작을수록 수요는 감소한다.** 여기서 부는 주식, 부동산, 현금, 채권, 외화 등의 각종 자산을 포함한다. 보유 자산의 가격 폭등에서 얻은 시세차익 즉 자본소득(capital gain)을 얻는 기회가 시간과 장소에 따라 크면 클수록 재산을 축적을 할 수 있으므로 가격 상승이 기대되면 되면 부동산 보유를 확대하고자 하는 동기를 유발한다.

예상 부동산가격과 수요는 동일한 방향으로 반응한다. 부동산 수요와 주식, 채권과 같은 금융자산수요는 미래 가격에 대한 예상 또는 기대(expectation) 즉, 기대수익률에도 크게 영향을 받는다. 예를 들어보자. 부동산 가격이 앞으로 더 계속 오를 것이라고 예상되면 투자자들은 현재 가격이 더 오르기 전에 부동산에 대한 현재 부동산 투자를 증대시킨다. 반대로 가격이 하락할 것으로 기대되면 현재의 수요는 감소한다. **부동산 가격은 기타 여러 요소에도 영향을 받는다.** 그 외 지리적인 입지조건, 광고 선전, 사회적인 유행, 선호사상, 주택공급의 포화상태 여부, 사회전체의 복지수준, 규제와 제도, 경제정책, 연금제도 등 다양한 요인에도 영향을 받는다.

다음은 부동산수요와 반대 축을 이루고 있는 부동산공급에 대해 살펴보자. 부동산 공급에 미치는 요인들은 부동산수요에 미치는 요인과 다르다. 부동산 공급(S_n)은 일정 기간 동안(t) 부동산(N)가격 P_n과 여타 다른 자산의 가격 P_n , P_1, P_2, … P_{n-1}, 생산요소의 가격들 F_1, F_2 … F_m, 공급자의 사적 또는 공적 이윤 추구 R, 기술수준 T, 지리적인 환경 V 등에 의존 한다 ; 부동산공급함수 $S_{n/t} = S(P_n, P1 \cdots P_{n-1}, F_1, F_2 \cdots F_m, R, T, V)$. 앞 식에서 일정기간 동안(t) 해당 부동산 가격 P_n 이외에 여타 다른 모든 변수들이 일정 불변하다는 가정 하에서 일정 기간 동안 재화의 공급 $S_{n/t}$은 해당 재화의 가격 P_n에만 의존한다는 함수로 다음과 같이 나타낼 수 있다 ; $S_{n/t}= S(P_n)$, $S_{pn} > 0$. 이러한 공급함수에서 부동산 공급은 해당 부동산의 가격상승과 함께 증대하고 반대로 가격이 하락하면 공급은 감소한다. 부동산 공급함수에서 부동산은 생산요소의 공급함수로서 다른 재화의 공급함수와는 다른 특성을 가진다는 점이다.

부동산 가격의 변동에 대한 부동산 장기공급 변동은 단기공급보다 크게 반응한다. 부동산 공급곡선은 시간의 길이에 따라서 상이한 곡선 형태를 취한다. 가격변화에 대한 공급반응이 어려운 짧은 단기의 경우, 공급곡선은 매우 급한 기울기의 공급곡선이나 수직공급곡선을 가진다. 장기의 공급곡선은 완만한 기울기를 갖는다. 장기공급곡선은 단기에 비해 공급의 가격탄력성이 크다. 따라서 단기공급곡선은 기울기가 가파르고 장기공급곡선은 기울기가 편편하게 나타난다. 기간이 짧으면 부동산 가격변화에 공급이 반응할 수 없기 때문에 급격한 기울기나 수직공급곡선으로 나타나고 기간이 길어지면 부동산과 달리 공산품처럼 공급이 충분히 탄력적으로 대응할 수 있는 상품공급은 완만한 기울기를 가진 공급곡선으로 나타난다.

부동산 공급은 기술과 정책 등에 의해 크게 변동한다. 다시 말해서 부동산 공급곡선은 기술, 부동산정책 등이 변동하면 수평 이동한다. 부동산가격 이외에 여타 다른 요인이 변동하면 공급곡선은 곡선 자체가 좌측 또는 우측으로 수평 이동한다. 다시 말해서 처음에 일정하다고 가정하였던 생산요소의 가격, 기술수준, 정부의 조세정책과 보조금 지원정책, 환경 등이 변동하면 공급곡선 자체가 좌우로 이동한다. 공급함수에서 재화를 생산하는 생산기술(production technology) 방식이 진보하면 해당 부동산 공급에 대한 생산성과 효율성이 증가하여 공급량은 늘어난다. 또한 정부가 건설업체에 대한 조세, 대출 규제와 지원정책에 따라 건설기업의 공급량을 변동시킨다.

부동산 공급에서 각종 부동산 규제는 매우 중대한 변수로서 작용하며 부동산 가격에 미치는 효과도 크다. 우리나라의 경우 전 국토 중 택지 공장용지 공공용지 등 도시용도로 쓰이는 땅은 6101㎢에 전 국토 중 6.1% 수준이다. 일본은 7%, 영국은 14.4%(DEFR 기준)에 이르며 다른 선진국들도 10% 수준이다. 환경보전 이유로 틀을 규제하기 보다는 그린벨트 해제, 군사제한 구역 해제, 농지 전용에 의한 산업 용지를 공급할 수 있다. 산업용지, 서민주택, 실버타운 용지 등도 공급을 늘려 토지 가격이 계속 떨어지도록 할 수 있다.

적정 부동산가격은 시장수급을 반영하는 점에서 결정되는 것이 시장논리이다. 시장수요공급 원리는 이윤 극대화를 추구하는 공급자와 효용 극대화를 추구하는 수요자 간의 거래를 통해 시장가격이 결정되는 것이다. 시장균형 가격은 시장수요와 시장공급이 일치하는 점에서 성립한다. 시장 균형에서는 오로지 단 하나의 부동산시장가격이 존재할 뿐이다. 이 시장가격은 여타 다른 여건이 변동하지 않는 한 더 이상 변동하지 않는다. 이 적정가격에서는 수요자와 공급자 모두 자신의 계획을 충족한 상태다. 그러나 부동산 가격이 균형가격보다 더 높은 수준에 있게 되면 수요가 공급을 능가하는 초과공급이 존재해 가격 하락 압력이 발생하고 균형가격 수준의 아래에 있게 되면 초과수요가 존재해 가격 상승 압력이 발생한다.

저자약력

저자 **양 종 기**(梁 鍾 基)

- 연세대학교 경제학사
- 독일 자유베를린대학교 Diplom-Volkswirt
- 독일 자유베를린대학교 경제학 박사
- 서경대학교(구 국제대학) 전임교수
- E&I Center 대표

❐ 논저서와 주요 논문 및 연구보고서

- Die Crowding-Out Problematik im Rahmen der Kurzund Langfristigen Analyse, Peter Lang, 1987(magna cum laude; 최우수 박사 논문).
- 위기가 기회다, 공저, 다산출판사, 1998년
- 기관투자가의 자산운용(공저), 국민연금연구센터, 1998년
- 한국의 자본시장과 경제발전(공저), FESKOR SYPOSIUM, 1988년
- 경제의 이해, 도서출판 ONE, 2007년
- 거시경제학, 도서출판 ONE, 2008년
- 화폐금융 국제금융, 도서출판 ONE, 2009년
- 시장경제와 경제이론, 도서출판 ONE, 2009년
- 알기 쉬운 투자론, 신론사, 2010년
- 경기 안정화와 재정지출 및 통화정책, 경상논총, 1987년
- 한국의 자본시장과 경제발전, 경상논총, 1988년
- 환율결정과 그의 변동, 투자금융, 1989년
- 토빈의 Q이론과 통화 및 공채 발행의 국민 경제적 파급 효과, 투사금융, 1989년
- 독일 지방재정과 지방의회에 대한 연구, 지원연구논문, 1992년
- 독일 연방과 주 및 게마인데(Gemeinde)의 공채관리에 관한 연구, 지원연구논문 1992년
- 스위스, 독일, 영국의 금융제도에 대한 비교 연구, 지원연구논문, 1995년
- 기관투자가의 자산운용, 지원연구 보고서, 1998년
- 독일 연방과 주 및 게마인데(Gemeinde)의 공채관리에 관한 연구, 연구보고서, 1992년
- 공채발행을 통한 재정금융정책의 효과에 대한 고찰, 한국산업 연구, 1992년
- 미국 단기금융시장에 관한 소고, 투자금융, 1994년
- 多資産市場, 實物市場, 財政政策, 서경대학교논문집, 1994년
- 스위스, 독일, 영국의 금융제도에 대한 비교 연구, 지역연구, 1996년
- 공채발행의 국민 경제적 파급 효과, 서경대학교 논문집, 1996년
- 유럽의 자산관리업과 은행 진출의 동향, 금융, 2002년
- 유럽금융의 구조적 특성과 은행대출경로, 산업경영연구, 2002년
- 최근 미국 은행산업의 변화와 추이, 금융, 2003년
- 재정정책이 경제성장에 미친 이론적인 고찰, 사회과학논문집, 2007년
- 국민행복시대는 열리 것인가?, 도서출판 ONE, 2013년
- 달러와 한국경제, 도서출판 ONE, 2013년
- 근간) 한국의 부동산경제, 도서출판 ONE, 2013년

[양종기 박사의 경제이야기_4] **한국의 부동산 경제**

초판 인쇄 • 2013년 11월 21일
초판 발행 • 2013년 11월 27일
저 자 • 양 종 기
발 행 인 • 정 성 열
발 행 처 • 도서출판 ONE
주 소 • 서울특별시 마포구 신수동 448-6
등 록 • 제313-2003-427호
전 화 • 02-323-8536
팩 스 • 02-323-8531

저자와의
협의하에
인지생략

ISBN 978-89-6481-176-4

정가 13,000원

- http://one-book.co.kr